GUÍA VIVA

MÉXICO D.F.

ANAYA
TOURING CLUB

GUÍA VIVA
MÉXICO D.F.

Autor: **Daniel Robles.**

Editora de proyecto: **Ana María López Martín.** Editora de redacción **Nuria Ruiz de Viñaspre.** Coordinación técnica: **Mercedes San Ildefonso** Cartografía: **Anaya Touring Club.** Equipo técnico: **David Lozano, Nuri Barbé** y **Karmelo Pardo.** Ilustraciones: **Ximena Maier.** Diseño tipográ fico y cubierta: **marivíes.**

Fotografías: **Daniel Robles,** excepto: **Archivo Anaya:** 44, 139, 141, 143 sup 144, 147, 152, 153. **Agromayor, L./Anaya:** 134. **Oficina de Turismo de México:** 16.

Impresión: Orymu, S.A.

Enero 2010

Depósito legal: M-45.016-2009
I.S.B.N.: 978-84-9776-456-8
Impreso en España - Printed in Spain

anayatouring_internacional@anaya.es La información contenida en esta guía ha sido cuidadosamente comprobada antes de su publicación. No obstante, dada la naturaleza variable de algunos datos, como horarios, recomendamos su veri ficación antes de salir de viaje. Los editores agradecen de antemano cualquie sugerencia u observación al respecto y declinan cualquier responsabilidad po las molestias que pudieran ocasionar a los usuarios de la guía.
www.anayatouring.com La página web de Anaya Touring Club ofrece un com pleto catálogo de publicaciones de la editorial de interés para los viajeros.

CONTENIDO

Cómo usar esta Guía.............................*4-5*
Mapa de México D.F.
    y alrededores *6-7*

I. LO BÁSICO
Antes de salir *10*
Moverse por México D.F. *14*

II. LA GUÍA
México D.F.
El centro histórico *36*
Reforma y Chapultepec.......................*63*
El norte: el santuario de Guadalupe.....*79*
El sur de la ciudad..............................*79*

Alrededores
Teotihuacán.......................................*89*
Puebla *94*
Taxco *110*
Tula y Tepotzotlán *113*
Cuernavaca *116*
Los conventos de la
    falda del Popocatépetl *120*
Ruta por el estado de Hidalgo...........*124*
Ruta por el estado de México.............*129*
Parque Nacional de
    Popocatépetl-Iztaccíhuatl.............*132*

III. EL CONTEXTO
Historia *136*
El mundo prehispánico: los aztecas ...*140*
Arte y cultura *149*

ÍNDICES
Índice de lugares..............................*156*
Índice de mapas, planos y plantas......*158*

CÓMO USAR ESTA GUÍA

MAPA GENERAL

En las pág. 6-7 de esta guía apa rece un **mapa general de Mé xico D.F. y alrededores,** en e que se incluyen todos los lugare de interés citados. Será muy út para realizar todos los desplaza mientos.

LO BÁSICO

Al comienzo de esta guía encon traréis toda la información necesaria para preparar vuestro viaje México: consulados, transportes, moneda, documentación, trámite de entrada, acontecimientos culturales, horarios, etc. Se completa co un apartado sobre gastronomía y un glosario de mexicanismos.

LA GUÍA: MÉXICO D.F. Y SUS ALREDEDORES

En este apartado se describen todos los lugares de interés de la cap tal mexicana, comenzando por el centro histórico y continuand por los barrios más turísticos. A continuación se han seleccio nado las localidades, ruinas arqueológicas y espacios natura les más interesantes de los alrededores.

La descripción de cada lugar consta de varias secciones fijas: Inf Transportes, Visita, Comer, Dormir, La Noche, Compras... Además, e cada caso, se añaden otras secciones específicas en función de la características concretas de cada lugar: fiestas, gastronomía, historia Sobre páginas de fondo ocre se describen dos rutas que pueden rea lizarse fácilmente desde la capital, con su correspondiente sección d informaciones prácticas.

INFO Y TRANSPORTES

Incluye direcciones y teléfonos de las oficinas de turismo, policía, a como información sobre cómo realizar desplazamientos por la ciuda o fuera de ella: aeropuertos, estaciones de autobuses y trenes, taxis

VISITA

En este apartado se ofrece la **descripción monumental o paisajístic** de cada lugar. En algunos casos se incluyen también los **alrededore** con información sobre localidades o espacios naturales cercanos.

Acompañando a la visita y para facilitarla, se incluyen varios **plano de la ciudad de México** (de día y de noche), que, en colores dif

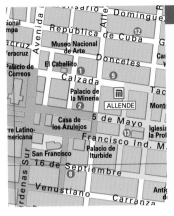

renciados, muestran los distintos ambientes que se hallarán en cada zona.

En el **plano de día** se resaltan las zonas comerciales, así como los restaurantes y monumentos más interesantes para visitar.

En el **plano de noche,** donde se destacan los hoteles recomendados, se pueden ver las calles más animadas para salir de noche.

DORMIR Y COMER

Se da información detallada de los distintos hoteles y restaurantes que hemos seleccionado siguiendo un riguroso criterio de calidad/precio. En cuanto a los **alojamientos,** se describen desde hoteles y hostales de menor precio hasta otros establecimientos de precio más elevado.

Los **restaurantes** también se han ordenado conforme a varias categorías: establecimientos más asequibles o con menú y otros un poco más caros. Resultará fácil localizar todos los alojamientos y restaurantes recomendados en los planos que se incluyen.

EL CONTEXTO

Comprende algunos apuntes sobre la historia, las costumbres, la vida de los antiguos pueblos mexicanos, el cine y otros temas interesantes.

ÍNDICES

Ayudarán a localizar fácilmente los lugares citados, mapas y planos.

SIGNOS CONVENCIONALES EN LOS PLANOS

PLANOS DE DÍA

PLANOS DE NOCHE

Edificios de interés turístico

Edificios de interés turístico

Parques y jardines

Parques y jardines

❶ Restaurantes

▮ Alojamientos

🛈 Información

🛍 MIXCOAC Metro

🅿 Aparcamiento

✈ Aeropuerto

🚍 Autobuses

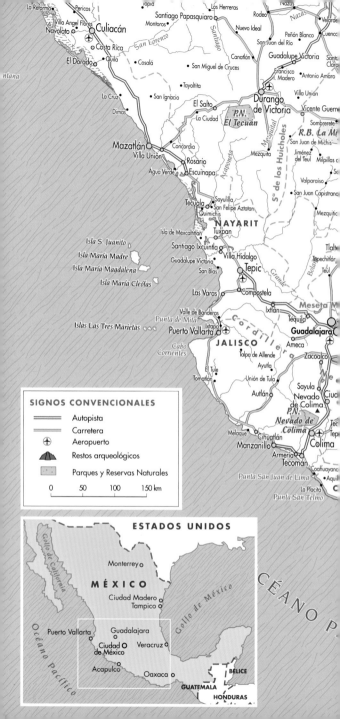

LO BÁSICO

Antes de salir 10

Moverse por México D.F. 14

ANTES DE SALIR

LA CAPITAL MEXICANA Y SUS ALREDEDORES

Ciudad de México o México D.F. es una megalópolis que ha terminado por saturar el valle que le da cobijo, engendrando todo tipo de contradicciones y contrastes sociales. Pero tras esa cara se esconde una gran riqueza humana y cultural, resultado de varios factores, entre ellos la presencia de un núcleo importante de población procedente de diversos grupos étnicos.

Los alrededores son otro gran atractivo. En un corto radio se localizan bellas ciudades coloniales como Taxco, Pachuca, Cuernavaca, Tepoztlán y Tepotzotlán y recintos arqueológicos prehispánicos emblemáticos, entre ellos, Teotihuacán, Tula, Xochicalco y Malinalco. En ciudades como Teotihuacán, cada año se celebran rituales relacionados con el equinoccio de la primavera. Si os va la montaña, al lado tenéis volcanes como el Popocatépetl, cubierto por nieves perpetuas o el nevado de Toluca.

Hay que recordar que México D.F. no es una ciudad barata y que saber elegir la fecha adecuada y el destino es fundamental. Para sacarle el mayor rendimiento al viaje, empezad a planearlo con antelación recurriendo al asesoramiento de la Oficina de Turismo y la Embajada.

DIRECCIONES ÚTILES EN ESPAÑA

Embajada de México. Carrera de San Jerónimo 46, 28014 Madrid, telf. 91 369 28 14/ 04 59/ 22 92, fax: 91 420 22 92/ 91 369 26 30, www.sre.gob.mx/espana/, embamex@embamex.es.

Sección consular de la Embajada, Carrera de San Jerónimo 46, 2801 Madrid, telf. (34) 91 369 28 14, fax: 91 420 22 92, portal.sre.gob.mx/espana, consulado@embamex.es.

Consulado General de México en Barcelona. Paseo de la Bonanova, 55, 08017 Barcelona, www.sre.gob.mx/ barcelona, consulmex@consulmex-barcelona.net.

Oficina de Turismo (Consejo de Promoción Turística de México). Carrera de San Jerónimo 46, 2º planta, 28014 Madrid, telf. 00800 11 11 22 66 (llamada gratuita)/ 91 561 35 20/ 91 561 18 27, fax: 91 411 07 59; www.visitmexico.com, contacteurope@visitmexico.com.

VIAJAR A MÉXICO

VISADOS Y TRÁMITES DE ENTRADA

Para estancias inferiores a los tres meses no se necesita visado.

Si deseáis pasar más tiempo, debéis dirigiros a las delegaciones del Instituto Nacional de Migración, Homero 1832, col. Morales Polanco, Delegación Miguel Hidalgo, CP 11510, México DF.

Antes de partir, recordad que el pasaporte tiene que tener una validez mínima de seis meses. Al entrar tenéis que rellenar un impreso llamado **Forma Migratoria para Turista**. Tiene una parte separable llamada **Forma de Salida** que deberá permanecer con vosotros; se entrega al regreso, en el mostrador de facturación.

ADUANAS

Está prohibido importar alimentos, armas blancas o de fuego, medicinas y drogas. A los adultos se les permite pasar 3 l de bebi-

das alcohólicas, 20 cajetillas de cigarrillos, 50 cigarros y 250 gr de tabaco de pipa. El control aduanero se realiza de forma aleatoria. Se pulsa un botón, si se enciende una lucecita roja os revisan el equipaje; si sale verde, no.

Está prohibido sacar del país objetos precolombinos, aves y animales en peligro de extinción y productos y artesanías derivados de ellos. Si se pretende comprar antigüedades y obras de arte, es mejor solicitar un permiso de exportación en el momento en que se realiza la compra.

CLIMA

El clima del altiplano se caracteriza por inviernos suaves, primaveras calurosas y veranos y otoños placenteros, aunque bastante lluviosos. Durante el día la temperatura es más elevada y por la noche, refresca.

Enero y febrero son los meses con temperaturas más bajas, con medias en torno a los 12 °C, en cambio, los meses abril y mayo son los más calientes, con temperaturas medias de 18 °C.

La estación de las lluvias abarca de mayo a octubre. La capa de

smog o niebla que cubre la ciudad llega a ser molesta durante los meses de invierno.

El estado del tiempo se puede consultar a diario en la página web: www.weather.com o en los periódicos.

FIESTAS

Según el poeta Octavio Paz las fiestas son el único lujo del mexicano. Se celebra todo: el día del niño, el de la madre, el del maestro, el del amor y la amistad, etc. Las danzas, los desfiles, los festivales indígenas, la música y las representaciones religiosas forman parte del alma festiva de México. A continuación se detallan algunas de las fechas más señaladas:

1 de enero, Año Nuevo.
6 de enero, Día de los Santos Reyes Magos.
5 de febrero, Día de la Constitución.
24 de febrero, Día de la Bandera (de la Patria).
21 de marzo, Día del nacimiento de Benito Juárez. Este día, además de celebrar el natalicio del prócer de la patria, se celebra la llegada de la primavera en Teotihuacán, con asistencia de grupos esotéricos y prehispánicos.
Marzo-abril, Semana Santa (en el barrio de Iztapalapa el día de Viernes Santo se celebra una representación de corte realista con un participación multitudinaria).
1 de mayo, Día del Trabajo.
5 de mayo, Batalla de Puebla (aniversario de la derrota de las tropas francesas en Puebla en 1862).
10 de mayo, Día de la Madre.

QUÉ LLEVAR

Si viajáis entre mayo y octubre no olvidéis el paraguas, el **chubasquero** y algo de ropa de abrigo: suéter, cazadora... para los meses de invierno. Ropa más invernal si vais a visitar zonas montañosas. No debéis pasar por alto el entorno social en el que os vais a mover. El mexicano suele ser bastante formal y en reuniones sociales el hombre gusta de usar traje y corbata, y la mujer vestido largo, prendas exigidas en restaurantes y locales nocturnos de alto nivel. Además, no olvidéis calzado cómodo y ropa ligera (a ser posible de algodón) para la visita a los conjuntos arqueológicos (excepto en invierno) y una **gorra** o sombrero, pues en verano el sol pega fuerte en algunos lugares, provocando frecuentes insolaciones.

1 de septiembre, Discurso del Presidente.
15 y 16 de septiembre, Grito de Dolores (Día de la Independencia). La noche del 15 de septiembre a las 23 h el presidente de la República da el grito de Independencia desde el balcón del Palacio Nacional. Se festeja en todas las poblaciones con comida, juegos, bailes y se ponen en libertad presos que han cometido faltas insignificantes.
12 de octubre, Día de la Raza. Conmemoración del Descubrimiento de América.
20 de noviembre. Día de la Revolución.
31 de octubre al 2 de noviembre, Día de Muertos. Según una antigua creencia, una vez al año, los muertos obtienen permiso para visitar a los familiares y amigos. Los vivos los agasajan y van a comer a las tumbas de los cementerios. Les llevan ofrendas, comida, vela, calaveras de azúcar, etc.

12 de diciembre, festividad de la Virgen de Guadalupe. Se celebra en honor de la patrona de México que se apareció al indígena Juan Diego (San Dieguito) en el cerro del Tepeyac, en 1531. En este lugar donde tiene su santuario se congregan miles de peregrinos llegados de todas partes para darle gracias y cantarle las "mañanitas".
16 al 24 de diciembre, las tradicionales Posadas, en todo el país. Cada noche los participantes cantan en honor de María y José que durante esas fechas tuvieron que alojarse en una cueva en Belén. La fiesta termina con una piñata llena de golosinas que los niños tratan de romper. Antiguamente tenía 7 picos en recuerdo de los siete pecados capitales; los dulces que caen de la piñata representaban la bendición del Cielo por haber roto con los pecados.
25 de diciembre, Navidad.

SANIDAD

El **agua** es potable, pero se recomienda que la mejor manera de evitar la llamada "venganza de Moctezuma" (diarreas, gastroenteritis, etc.) es tomarla embotellada. Procurad no tomar alimentos en los puestos callejeros: no siempre ofrecen buenas condiciones higiénicas.
En cuanto a las vacunas, las autoridades sanitarias no recomiendan ni exigen ninguna, pero para más información podéis consultar la página web del Ministerio de Sanidad y Consumo: www.msc.es. Prácticamente, todos los medicamentos a la venta en España se encuentran en las farmacias mexicanas. Su horario suele ser continuo, de 8 h o 9 h a 19 h o 20 h; algunas suelen prestar servicio a domicilio.

SERVICIOS
SANITARIOS Y SEGUROS

No existen acuerdos entre la administración española y mexicana para cubrir asistencia sanitaria al visitante. Informaos en el Instituto Nacional de la Seguridad Social (INSS), telf. 900 166 565. Una opción es contratar una póliza de seguros de viaje. A veces no es necesario porque viene incluido en los contratos de adquisición de determinadas tarjetas de crédito o en pólizas de seguros médicos. En ambos casos, y antes de emprender el viaje, se aconseja que comprobéis el tipo de cobertura que ofrecen.

VIAJES ORGANIZADOS

Prácticamente, casi todas las grandes agencias mayoristas españolas operan en México. Algunas tienen programas exclusivos para Ciudad de México y alrededores y otras los combinan con destinos como la Riviera Maya, Chiapas, etc. En internet se puede consultar: **www.muchoviaje.com.**
Algunas agencias para viajeros independientes son:

Club del Viajero, telf. 902 410 110; clubdelviajero.com/index.-phpe-mail: comercial@dubdelviajero.com, y **Viajes Zeppelin.** Plaza Santo Domingo 2, 28013 Madrid, telf. 91.758.10.40, fax: 91 542 65 46,e-mail: santo.domingo@viajeszeppelin.com, www.viajeszeppelin.com. Estas agencias están especializadas en la venta de las mejores ofertas de pasajes aéreos.

MOVERSE POR MÉXICO D.F.

DIRECCIONES ÚTILES EN MÉXICO

Embajada de España en México. Galileo 114, esq. Horacio, col Polanco, 11560 México D.F., telf. (00 52) 5282-2974, 5282-2271, 5282-2459, 5282-2763 y 5282-2982, fax: (0052) 5281-8227 y 5282-1520; embaes@prodigy.net.mx, www.sre.gob.mx/ acreditadas/embajadas/esp.htm.
La Embajada recomienda que los viajeros se inscriban en el registro del **Consulado General**, telf. (55) 52 80 45 08, 52 80 46 33, fax: (55) 52 81 07 42; e-mail: consgales@prodigy.net.mx.
Centro Integral de Atención al Turista, INFOTUR (Servicios de Orientación e Información Turística), Av. Presidente Masaryk 172, Pl. Baja, col. Chapultepec Morales, delegación Miguel Hidalgo, México D.F. (de lunes a viernes de 8 h a 18 h y sábados de 10 h a 15 h). Atención telefónica las 24 hora en los telf. 01 800 987 82 24.
Desde el interior de la República, el número gratuito para marcar es el 01 800 903 92 00, web: www. sectur.gob.mx. correspondencia-@sectur.gob.mx.
Secretaría de Turismo del Gobierno del México D.F., Nuevo León 56, col. Hipódromo Condesa, C.P. 06100, delegación Cuauhté-

moc, D. F., telf. 55 53 19 01 / 01 800 008 90 90. Abierto de lunes a viernes de 7 h a 22 h; sábado y domingo de 9 h a 18 h, web: www.mexicocity.gob.mx, e-mail: contenidos@mexicocity.gob.mx.

VIAJAR EN AVIÓN

Es el medio de transporte más habitual para llegar a la capital mexicana desde España. *Aeroméxico* e *Iberia* vuelan a diario y sin escalas desde Madrid a México D.F. Algunas compañías europeas y americanas realizan escalas, con cambio de avión en diversas capitales o ciudades de su país de origen. A veces, ofrecen tarifas muy competitivas en billetes abiertos.

Desde el aeropuerto

La parada de metro **Terminal Aérea** está junto al aeropuerto. Por seguridad se recomienda contratar los taxis autorizados. Las tarifas son más caras que las que ofrecen los callejeros, pero merece la pena ya que entre estos últimos existen vehículos camuflados que se dedican a asaltar a los viajeros.

AEROPUERTOS Y COMPAÑÍAS AÉREAS

Aeropuerto de Barajas (Madrid), telf. 902 404 704, e-mail: clientesmad@aena.es web: www.aena.es.

Aeropuerto del Prat (Barcelona), telf. 902 404 704, e-mail: bcninfofi@aena.es.

Aeropuerto Benito Juárez (México D.F.), telf. (55) 52 48 22 424 / 24 82 24 00, comentarios@aicm.com.mx; www.aicm.com.mx.

Aeroméxico. Cedaceros 11, 1ª planta, 28014, Madrid, telf. 91 548 98 10/ 91 549 88 45, e-mail : premiermadrid@aeromexico.com, web: www.aeromexico.com/.

Iberia. Telf. 807 11 77 77, fax: 91 374 27 07, e-mail: ibplus@iberia.com, web: www.iberia.com.

Air France. Telf. 902 20 60 90. Vuela vía París.

British Airways. Telf. 902 111 333, fax: 91 387 43 65, web: www.britishairways.com. Vía Londres.

KLM. Telf. 902 22 27 47, fax: 902 11 17 47, web: www.klm.es. Aeropuerto de Barajas. Vía Ámsterdam.

Lufthansa. Telf. 902 22 01 01. web: www.lufthansa.com. Vía Frankfurt o Múnich.

American Airlines. Telf. 902 115 570/ 902 115 575, web: www.aa.com. Vía Miami.

Delta Airlines. Telf. 91 749 66 30, web: es.delta.com. Vía Nueva York o Atlanta.

Continental Airlines. Telf. 901 010 096, web: www.continental.com. Vía Newark (estado de New Jersey).

BANCOS, MONEDA Y CAMBIO

La moneda nacional es el **peso mexicano.** Existen billetes de 500, 200, 100, 50 y 20 pesos. Las monedas son de 20, 10, 5 y 2 pesos. También existen de 50, 20, 10, 5 y 2 centavos.

Se puede realizar cambio de moneda en los aeropuertos, bancos, casas de cambio y hoteles de lugares turísticos.

Los mejores cambios se obtienen en los bancos, pero para grandes cantidades es más rentable acudir a las casas de cambio. Los billetes con marcas de tinta, desgastados o maltratados suelen ser rechazados.

Los **bancos** abren normalmente a las 9 h. Los hay que cierran a las 17 h y otros a las 19 h. Algunos de ellos, como el *Bital*, abren los sábados por la mañana. El euro se cambia bien. Si se visitan zonas rurales se aconseja llevar divisa del país en moneda fraccionada y billetes de bajo valor, para evitar problemas con la devolución del cambio.

No suele haber problemas con las **tarjetas de crédito** *Visa, Mastercard* y *American Express.*

ALOJAMIENTO

La clasificación de hoteles comprende siete niveles. Además de pensiones existen hoteles de una, dos, tres, cuatro, cinco estrellas, Gran Turismo (una categoría que distingue a los establecimientos con servicios de gran calidad) y Categoría Especial, que se aplica a establecimientos como antiguos conventos, haciendas históricas, etc.

CADENAS HOTELERAS

La mayor parte de los hoteles de tres y cuatro estrellas pertenecen a cadenas internacionales. Entre las más prestigiosas están *Sheraton, Nikko, Camino Real* y el grupo *Posadas.* Sus establecimientos están concebidos para el turismo de lujo, turismo de agencias, así como visitas de negocios.

Otras cadenas importantes son *Misión, Hoteles Boutique* y *Best Western.* Esta última regenta el Hotel Majestic y el Cortés, ubicados en edificios emblemáticos del centro histórico de la Ciudad de México.

La **temporada alta** comprende desde el 15 de diciembre hasta Semana Santa. En esas fechas las tarifas hoteleras suelen ser más caras. Por lo general los precios, más económicos que en Europa, no suelen incluir el desayuno.

A la hora de contratar un hotel, la tarifa que ofrecen es la oficial, pero

si se quiere ahorrar dinero se debe preguntar por precios especiales. No dudéis: los **descuentos** son frecuentes para estancias de fin de semana o de varias noches. Los grupos siempre obtienen más beneficios. La tarifa a pagar por la habitación individual suele ser la misma que para la doble. El suplemento adicional para terceras personas es bajo. A veces aplican cargos supletorios a las habitaciones con televisión y aire acondicionado y requieren depósitos para el mando a distancia y la llave de la caja fuerte.

Es muy recomendable **revisar las facturas** de hotel, restaurante, etc. con el fin de evitar sobrecargos. No tengáis apuro: los mexicanos lo hacen.

La **Secretaría de Turismo,** telf. (55) 52 55 10 06/ 52 55 31 12, ofrece información sobre opciones y tarifas de hospedaje.

TRANSPORTES

Autobuses interurbanos

El **camión** (autobús) es el medio más económico y el más utilizado. Se mueve por todo el territorio de la República. Un mismo destino lo pueden cubrir varias compañías.

Existen las categorías de segunda, primera y ejecutivo. Los autobuses de segunda son muy lentos e incómodos pero muy económicos y paran en cualquier lugar. Los de primera son mucho más cómodos y suelen llevar lavabo a bordo. El servicio de clase ejecutiva lleva asientos reclinables parecidos a los de la primera clase aérea.

Por lo general, las compañías de primera y con servicio ejecutivo tienen sus propias salas de espera.

Transporte urbano

A los autobuses urbanos también se les llama "camiones". Es un transporte bastante barato, pero el servicio no suele ser frecuente.

Más eficaces y algo más caros suelen ser los **"peseros"**, llamados así porque en sus inicios costaban un peso. Al tratarse de microbuses suelen ser más incómodos.

Taxis

El servicio es económico y el importe de la carrera lo marca el taxímetro. En los alrededores se recomienda negociar el precio. Se deben tomar precauciones en relación a los taxis de la calle, ya que más de una vez el cliente ha sido asaltado. Al abordarlo mirad si la licencia se exhibe en sitio visible y si la foto coincide con el rostro

FOTOS

Antes de fotografiar a los indígenas, a sus monumentos y santuarios religiosos, hay que pedirles permiso. No hacerlo puede acarrear problemas, además de ser muy descortés por nuestra parte.

del taxista. Ante la duda, lo más conveniente es dejarlo.

Para evitar riesgos lo mejor es llamar o coger los taxis en las paradas –en México se llama *sitio*– o telefonear a alguna compañía de radio-taxis. En ambos casos el servicio es más caro. La telefonista debe indicar el número de taxi enviado que deberéis comprobar cuando se presente. En la puerta de los grandes hoteles suele haber servicio de taxi con coches de lujo que aplican tarifas elevadas. En el aeropuerto se recomienda utilizar los servicios de los taxis de prepago, más seguros que otros taxis "callejeros" [véase "Desplazarse desde el aeropuerto", pág. 15].

CONDUCIR EN MÉXICO

Conducir en México D.F. y en los alrededores tiene sus riesgos. Los automovilistas no respetan los pasos de cebra, adelantan por donde les parece y si no hay agente a la vista, interpretan el código de circulación como les da la gana.

Para **alquilar un coche,** "rentar" en México, es necesario ser mayor de 21 años y presentar una tarjeta de crédito. "Rentar" por varios días puede suponer descuentos. No os olvidéis de comprobar el tipo de seguro incluido y si la entrega se hace con el depósito lleno de combustible. El coche más popular y barato es el volkswagen "escarabajo".

Hay que evitar los **desplazamientos nocturnos,** más por las carreteras apartadas. En algunas de estas vías corréis el riesgo de ser asaltados. Respetad escrupulosamente las **normas de tráfico.** Con los turistas, la Policía Federal de Caminos no tiene ningún tipo de consideración. Además os podéis

topar con algún agente que os considerará un recurso para completar su salario. O lo que es lo mismo: o se paga una multa o se opta por la "mordida" (pequeño soborno).

Las **autopistas** (de peaje y bastante caras) no disponen de teléfonos de auxilio y el resto de los conductores no suelen parar y prestar auxilio si ven un coche averiado por miedo a que se trate de un asalto camuflado. Por lo tanto, antes de emprender el viaje, hay que asegurarse que el coche se halla en muy buenas condiciones. Los **Ángeles Verdes** es la policía auxiliar de ayuda al automovilista, telf. 01 (55) 52 50 82 21 y (55) 25 81 63 00, ext. 2950 y 2951. Tienen muy buena fama, prestan información y orientación turística, auxilio en mecánica y primeros auxilios. Pero las patrullas son muy escasas, con un horario de 8 h a 20 h. La central está operativa día y noche.

Muy importante: no dejéis que el tanque del combustible se ponga en la reserva.

En las autopistas y carreteras, las **gasolineras** escasean y, a veces, entre una y otra, hay una distancia de más de 100 km.

A las entradas de las poblaciones o en lugares por donde circulan asiduamente peatones, encontraréis **topes de limitación** exageradamente altos para reducir la velocidad; hay que prestar mucha atención a estas señales, pues, o se frena o se sale volando.

CARNÉS DE ESTUDIANTES Y PROFESORES

No sirven para mucho, pero de vez en cuando alguna compañía de autobuses interurbanos ofrece algún descuento. Su valor es nulo en los recintos arqueológicos, museos, etc., excepto el de profesores, que, dependiendo del funcionario, podría equipararlo

con el privilegio de entrada gratuita que gozan los maestros y profesores mexicanos.

Si queréis ahorrar en visitas culturales, no os queda otro remedio que esperar a los días de entrada gratuita, que suele ser los domingos y festivos.

CORREOS, TELÉFONOS E INTERNET

El servicio de **correos** es económico pero puede resultar lento. En las oficinas disponen de telégrafo y fax. Una alternativa la ofrecen los **cibercafés,** frecuentes por lo general en los lugares turísticos. El precio del servicio fluctúa normalmente entre 10 y 30 pesos la hora. Un detalle que nunca debéis olvidar, si queréis que una carta llegue a su destino en México D.F., es añadir en la dirección el nombre de la colonia (barrio) en la dirección postal.

Lo mismo hay que hacer a la hora de indicar a un taxista el destino,

la razón es muy sencilla: en ocasiones los nombres de las calles se repiten.

Llamar por **teléfono** en México es bastante caro, más desde los hoteles donde pueden cargar hasta

ELECTRICIDAD

La red doméstica funciona a 110 voltios y 60 ciclos. Los enchufes son de patillas planas tipo americano, por lo que debéis comprar un convertidor antes de salir.

8 € por un minuto en llamadas internacionales. Las llamadas locales realizadas desde una cabina pública cuestan un peso por minuto y las realizadas a España,

20 pesos por minuto. Funcionan con tarjetas, a la venta en quioscos de prensa o estancos. Las hay de 30, 50 y 100 pesos.

Para **llamar a España** hay que marcar el 00 34 y a continuación el número de abonado. Para **llamar a México,** el prefijo es OO 52. Para llamar desde otra ciudad de México a la capital hay que marcar el prefijo (lada) interprovincial 01, seguido del prefijo de la demarcación (el 55 para el Distrito Federal) y del número de abonado. Si se quiere realizar una llamada desde el D.F. a otro lugar hay que seguir los mismos pasos.

SEGURIDAD Y OBJETOS PERDIDOS

Como medida de precaución se debe evitar exhibir en público documentación, grandes cantidades de dinero, joyas o relojes valiosos. Lo más recomendable es depositar los objetos de valor en las cajas de seguridad de los hoteles. Es verdad que la ciudad está catalogada como peligrosa, pero en los últimos tiempos la seguridad ha mejorado notablemente. Existe un plan de choque contra la delincuencia, que ha contado con el asesoramiento

de Rudolph Giullianni, el ex alcalde neoyorquino. Los servicios de vigilancia se han incrementado a lo largo del día, e incluso existe una **policía turística** situada en el centro que monta a caballo y viste como los charros. O sea, que los riesgos se minimizan y el paseo diurno por las zonas turísticas se vuelve muy seguro. Por la noche es distinto y es necesario tomar precauciones. Finalizado el horario comercial y de oficinas, las calles

DROGAS

El **Código Penal Federal** en su título séptimo es bien claro y considera como delito contra la salud pública el consumo de cualquier droga y la tenencia de este tipo de sustancias.

del centro histórico quedan prácticamente desiertas.

Por la noche, pues, evitad pasear por cualquier área y, más aún, por el centro. Si se visita este barrio para ir a cenar a algún restaurante, lo mejor es ir en taxi y en grupo. Iztapalapa y Nezahualcóyotl son barrios con fama de peligrosos, lo mismo que Tepito en el centro o las calles de detrás del Zócalo.

Si se pierde la cartera, la cámara, etc., o la roban, no os forjéis esperanzas, probablemente nunca aparezca. Pero es importante hacer la **denuncia.** Sin ella, el Consulado no puede expedir una nueva documentación. También es necesaria si se ha contratado algún seguro contra robo, por ejemplo. Para realizarla hay que dirigirse al Ministerio Público.

HORARIOS

Los establecimientos públicos se rigen por el horario tradicional: de 9 h a 19 h, de lunes a viernes, y los sábados de 9 h a 14 h.

El horario de oficinas es de 9 h a 13 h y de 15 h a 19 h. Los supermercados, pequeñas tiendas de alimentación, tiendas de regalos, etc. suelen abrir incluso domingos y festivos.

El horario de los museos no está unificado. Por lo general, abren mañana y tarde, en horario continuo. Muchos de ellos no tienen día de descanso semanal. En cada uno de los museos descritos en esta guía se ha detallado su horario. No obstante, pueden variar.

VISITAS GUIADAS

El Instituto Nacional de Antropología e Historia, www. inah.gob.mx, organiza periódicamente visitas a los principales monumentos de la ciudad. Para recorrer los alrededores, una opción muy común es contratar los servicios de un guía con coche. Se encuentra información en los hoteles. Los guías para visitas se contratan a la entrada de los recintos arqueológicos.

COMER EN MÉXICO

La cocina que se ofrece en México D.F. es reflejo de diversas tendencias regionales e internacionales. En general se puede decir que la cocina mexicana es un mestizaje entre la prehispánica y la española, con ligerísimas influencias de otras corrientes, fundamentalmente de la francesa y de la oriental, que llegó por la ruta marítima de Filipinas y que se caracterizó

por la aportación de las especias. Eso sí, su toque autóctono es tan personal que se aprecia de una manera inequívoca por el colorido, la textura, las salsas y los sabores picantes de los chiles. En la elaboración de las salsas intervienen ingredientes frescos, como chiles, jitomate, especias, cebolla, etc.

21

PROPINAS

La propina no es obligatoria, pero sí sagrada y un complemento muy importante para las bajas retribuciones de camareros, chicas de la limpieza, botones, etc. Unos y otros harán lo imposible para que os sintáis a gusto y bien atendidos y de paso esperan que lo demostréis. Se deja entre el 10 y el 15 por ciento del importe y se suele indicar que lo carguen en factura. A los mozos de hotel se les suele dar unos 10-12 pesos. En los hoteles y restaurantes –de categoría media y alta– suele haber personal al cargo de los lavabos que se desviven a la hora de entregaros papel, toalla, etc. A cambio, se espera una pequeña propina.

Puebla, Oaxaca y Yucatán son los estados más representativos del arte culinario y los platos que se han originado en sus fogones han pasado a tener rango nacional. De las cocinas conventuales del primero salieron recetas famosas como la del *mole*, elaborado con chocolate, ajonjolí, varias clases de chile, cacahuete, etc.; y los *chiles en nogada* creados *ex profeso* para Agustín Iturbide, primer emperador del México independiente. En Oaxaca se prepara el *mole* negro y el verde, el coloradito es del valle de México y el ranchero de la Altiplanicie. Se puede decir que el *mole* ha evolucionado de tal manera que existen alrededor de 30 versiones de este platillo. Entre los platos más conocidos de la península de Yucatán está la famosa *cochinita pibil* (cerdo macerado en jugo de naranja y especias) y los *papadzules*.

Los *tamales* forman parte del recetario prehispánico y es otro plato común elaborado en gran parte de México. Lleva harina de maíz, carne o pollo y se cuece al vapor envuelto en hoja de plátano.

Las tortillas de harina, que acompaña a la mayoría de los platillos, son tan versátiles que además sirven como ingredientes para elaborar algunas recetas de los "antojitos" mexicanos. Entre los más conocidos están los famosos *tacos*, que vienen a ser tortillas enrolladas y rellenas con trozos de carne asada, pollo, etc. Variantes de los *tacos* son las *flautas* y los *burros*. Las *quesadillas* son otra modalidad, más parecidas a las empanadillas, debido a su aspecto. El relleno puede ser de queso, flor de calabaza, etc. Especialmente sabrosas son las de *huitlacoche* u hongo del maíz.

En un restaurante especializado en cocina mexicana no faltarán especialidades clásicas como los pescados a la veracruzana, los camarones al mojo de ajo, el *mixiote de Hidalgo* (carnero envuelto en hoja de maguey y asado en un horno bajo tierra), la carne a la tampiqueña, los pozoles de Jalisco o *Michoacán* (entre sopa y estofado) y los cortes de carne de Sonora como la *arrachera.* El arroz, el guacamole y los frijoles con queso forman parte de las guarniciones más típicas.

La llamada alta cocina mexicana tiene que ver con viejas recetas de la época prehispánica y con aquellas fiestas de manteles largos de la etapa colonial y del Porfiriato. De la primera, se han rescatado ingredientes exóticos como las huevas de hormiga, los gusanos de maguey y los famosos *chapulines* de Oaxaca (especies de saltamontes pequeños que también se suelen tomar con sal y limón). De la segunda, las codornices con aroma de rosa o los camarones enmolados.

Por último, la gran variedad de frutas que produce México da paso a un repertorio de postres y dulces en el que éstas tienen un gran protagonismo, como por ejemplo los *camotes,* las frutas escarchadas, etc.

BEBIDAS

Lo tradicional para beber son las aguas de frutas o semillas (agua, fruta o semilla y azúcar batidas). La cerveza es muy popular. Se toma muy fría, con limón recibe el nombre de *chelada* y con sal y salsas se la conoce por *michelada.*

El vino, además de caro, no es tan popular, pero en las cartas de los restaurantes de categoría media es frecuente encontrar marcas europeas y chilenas. Entre los caldos de origen nacional los más consumidos son los elaborados por la casa Domecq, en la región de Baja California.

El rey de las copas o del aperitivo es el tequila. Una bebida fermentada y destilada, elaborada con las piñas del agave azul, que toma el nombre de la población de Tequila en el estado de Jalisco. Se suele tomar con sal y limón o acompañado de *sangrita,* un preparado a base de zumo de tomate. Técnicamente el tequila viene a ser una especie de *mezcal,* el aguardiente más antiguo de México, producido de manera tradicional en Oaxaca. La margarita

GLOSARIO DE MEXICANISMOS

Abarrotes, tienda de: comercio donde vende un poco de todo.

Aeromoza: azafata.

Aretes: pendientes.

Aventar: tirar (lanzar).

Aventón, dar un aventón a alguien: llevar a una persona de un lugar a otro (en algunos lugares se dice dar un raid).

Betabel: remolacha.

Bocho: volkswagen escarabajo.

Botana: tapa (de comida).

Buena onda: majo, enrollado.

Camión: autobús.

Carro: coche.

Celular: teléfono móvil.

Chamaco: muchacho, niño.

Chambear: trabajar duro.

Chavo/a: muchacho/a, adolescente.

Chela: cerveza.

Chícharos: guisantes.

Chupar: beber alcohol.

Compadre: el padrino de un hijo/a.

Corralón: depósito de coches (de la grúa).

Cobija: manta.

Cuate, cuatacho: amigo, colega.

Durazno: melocotón.

Fritanga, garnacha: frituras de masa de maíz.

Gringo: estadounidense.

Güero: rubio o de piel clara.

Güey: tío (sentido de amigo).

Hacer el oso: hacer el ridículo.

Hacerse pato o menso: fingir ser tonto.

Hot dog: perrito caliente.

Huaraches: sandalias.

Huevos estrellados: huevos fritos.

Jitomate: tomate.

Joto: gay, homosexual.

Jalar: tirar (de la puerta, por ejemplo).

es un cóctel elaborado con tequila, licor de naranja y zumo de limón. Otras bebida tradicionales de México, de origen prehispánico, son el chocolate y el *pulque*. Este último se elabora fermentando el jugo del maguey. Los *atoles* se preparan con maíz cocido, molido y diluido en agua. Excelente es la horchata de arroz.

HORARIOS Y ESTABLECIMIENTOS

Los mexicanos empiezan el día temprano con un **desayuno fuerte** compuesto de zumo de naranja, huevos preparados de diversas maneras (rancheros, estrellados, con salsa, con queso, etc.), pan tostado con mantequilla y café. La ensalada de frutas con yogurt y *granola* (muesli tostado)

Lada: prefijo telefónico.

Lana: dinero.

Lépero: persona grosera.

Licencia de manejo: permiso de conducir.

Mande: dígame.

Mano: compañero, amigo.

Mesero: camarero.

Mordida: soborno.

Naco: hortera, de poco gusto.

Nevería: heladería.

Nieve: helado.

Ni modo: no se pudo hacer nada.

No te hagas guaje: hacerse el tonto, el desentendido.

Omelette: tortilla francesa.

Ostión: ostra.

Pachanga: fiesta.

Padre: bueno, bien, divertido.

Padrísimo/ de pelos: muy bueno.

Paleta: polo (helado).

Pan de caja: pan de molde.

Pan dulce: bollería.

Papas a la francesa: patatas fritas.

Pedir un raid, raite o aventón: hacer dedo o autostop.

Platicar: hablar, charlar.

Playera: camiseta.

Pomo: botella de alcohol.

Popote: pajita para beber refrescos.

Quiubo güey, qué onda güey: qué pasa tío.

Recámara: habitación.

Relajo: alboroto, desorden.

Reventón: fiesta.

Ruco: viejo.

Saco: chaqueta del traje.

Tianguis: mercado callejero.

Toronja: pomelo.

Torta: bocadillo.

Valija: maleta.

Vulcanizadora: donde se arreglan ruedas pinchadas.

o el licuado de frutas con leche son otras de las opciones más naturistas, aunque no por ello menos populares. A este tipo de ración se le conoce con el nombre de "orden".

El almuerzo constituye otra de las comidas fuertes para los mexicanos. Comienza a servirse a la 13.30 h, con un horario que por lo general puede llegar a prolongarse hasta las 17 h en los lugares más turísticos. La cena suele comenzar sobre las 21 h.

El precio de los restaurantes de calidad o más prestigio en México D.F. suele ser alto o bastante alto. No obstante, muchos de ellos, a la hora del almuerzo, sirven un buen **menú del día** compuesto por varios platos por un precio que oscila entre 70 y 120 pesos (un desayuno cuesta alrededor de 40 pesos). Fuera del menú, lo normal es pedir sólo un plato fuerte que viene acompañado de suficiente guarnición. Dependiendo del precio los hay que sirven **botanas** (algo para picar durante la espera).

Los menús humildes sólo ponen las salsas y trocitos de tortillas tostadas o fritas, mientras en los de más categoría incluyen guacamole o verduras curtidas (en escabeche) y a veces tapas o algún que otro "antojito" mexicano.

El menú se sirve con tortillas de maíz. Una opción económica son los restaurantes de **comida corrida** que ofrecen una especie de menú del día popular, con dos platos livianos (sopas, caldos, pasta, arroz, etc.) y un tercero a base pollo, pescado o carne y el postre. Los precios oscilan entre los 40 y 50 pesos y a veces incluye agua de frutas para la bebida.

Los **mercados** son una alternativa para comer de una manera más económica. En la mayor parte de ellos existen varios restaurantes populares, que sirven la típica comida corrida. También los hay especializados en pescado, marisco, etc. Otra alternativa barata son las **taquerías,** donde sirven comida rápida (quesadillas, tacos, flautas, etc.) y tortas (bocadillos). El vino sale carísimo, sin embargo la cerveza es asequible y mucho mejor de lo que se espera. Entre las marcas más conocidas están la *Modelo* y la *Coronitas.*

DEPORTES DE MONTAÑA

Rutas a caballo o en bicicleta de montaña y subidas a los volcanes de los alrededores de la capital son las actividades deportivas a l ire libre más frecuentes ofrecidas por las agencias de viajes.

AMTAVE, calle Mariposa, 1012-A Col. General Anaya, CP 03340 México D.F., telf. (55) 56 88 38 83, web: www. amtave.org. Asociación de agencias de turismo de aventura y ecoturismo que engloba la mayoría de las empresas del sector.

Ecco Sports, situado en la carretera Picacho-Ajusco 238 Desp. 501, Col. Jardines en la Montaña CP. 14210, México D.F. telf. 56 44 37 75 / 56 44 41 55, e-mail: info@eccosports.com.mx, www.eccosports.com. Tiene programas destinados para excursiones a volcanes.

IDIOMA

Aunque, como todo el mundo sabe, en México se habla el castellano, sucede que a veces el tener una lengua común entre pueblos distintos puede dar lugar a ciertos malentendidos. Además hay muchos términos y características propios del español de México que deberemos tener en cuenta. Por ejemplo, un recurso que utilizan los mexicanos para crear situaciones cómicas, irónicas o picantes es jugar con palabras y frases de doble sentido; esto se

LOS MARIACHIS

El cuartel general de los mariachis en la capital es la plaza Garibaldi, pero es frecuente verlos en restaurantes de comida típica, mercados, lugares turísticos, etc. La temática de sus canciones y corridos abarca todo el espectro del campo sentimental. En los locales y sitios públicos se les paga por canción. Si se desea agasajar a alguien hay que contratar a un mariachi, más si se trata de asuntos del corazón.

conoce como **lenguaje del albur.** En la mentalidad mexicana la exactitud del tiempo no es un factor importante para aplicar en la vida cotidiana. Sobre todo a la hora de las citas. La palabra **"ahorita"** os causará más de un quebradero de cabeza si la seguís al pie de la letra. Para empezar, tiene un significado ambiguo. Se emplea para designar desde cortísimos instantes a periodos de tiempo largos.

No seáis bruscos ni secos a la hora de expresaros. El mexicano suele ser muy cortés y las palabras malsonantes están muy mal vistas. Un recomendación más: evitad utilizar el verbo "**coger**"; en México y muchos otros lugares de América esta palabra tiene un significado bien diferente al nuestro.

Por la sangre del mexicano circulan efluvios europeos e indígenas. Pero a la hora de identificarse, emocionalmente siente más sus raíces precolombinas. Su mentalidad, como dice Carlos Fuentes, mira al pasado. A la hora de tomar partido es solidario con las causas perdidas. A veces en conversaciones con españoles, lo demuestran acusándoles de los excesos cometidos durante la conquista y el periodo colonial. Pero tras el comentario, acepta de corazón al español.

Aunque consciente y crítico con las injusticias y contradicciones de su país, por encima de todo el mexicano es nacionalista y no le agrada que ningún extranjero se sienta superior.

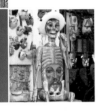

MÉXICO D.F.

Centro histórico 36

Reforma y Chapultepec 63

El norte 79

El sur 79

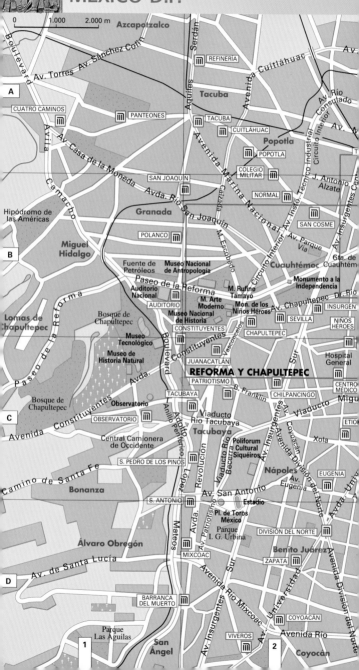

MÉXICO D.F.

0   1.000   2.000 m

Azcapotzalco

Boulevard

Av. Torres Av. Sánchez Colín

Aquiles Serdán

REFINERÍA

Tacuba

Avenida Cuitláhuac

Av. Río Consulado

Circuito Interior

J. Antonio Alzate

CUATRO CAMINOS

PANTEONES

TACUBA

CUITLÁHUAC

Popotla

POPOTLA

Avda.

Av. Casa de la Moneda

Avda. Río San Joaquín

SAN JOAQUIN

COLEGIO MILITAR

NORMAL

Avenida Marina Nacional

Calzada

M. Escobedo

Av. Insto. Técnico Industrial

SAN COSME

Camacho

Granada

Hipódromo de las Américas

POLANCO

Miguel Hidalgo

Fuente de Petróleos

Museo Nacional de Antropologia

Paseo de la Reforma

Auditorio Nacional

AUDITORIO

M. Rufino Tamayó

M. Arte Moderno

Mon. de los Niños Héroes

Circuito Interior

Av. Parque Vía

Cta. de Cuauhtém

Monumento a la Independencia

Av. Chapultepec

Dr. Río

INSURGEN

Lomas de Chapultepec

Bosque de Chapultepec

Museo Nacional de Historia

CONSTITUYENTES

SEVILLA

CHAPULTEPEC

NIÑOS HÉROES

Museo Tecnológico

Avda.

Boulevard

Museo de Historia Natural

CONSTITUYENTES

JUANACATLÁN

Vascomcelos

Sur

Hospital General

Bosque de Chapultepec

Paseo de la Reforma

REFORMA Y CHAPULTEPEC

PATRIOTISMO

B. Franklin

CHILPANCINGO

CENTRO MÉDICO

Migu

Avenida Constituyentes

Observatorio

TACUBAYA

Av. Insurgentes

Viaducto

ETIO

OBSERVATORIO

Viaducto Río Tacubaya

Tacubaya

Xola

Camino de Santa Fe

Central Camionera de Occidente

S. PEDRO DE LOS PINOS

Adolfo Anillo periférico

Río Becerra

Viaducto Río Piedad

Poliforum Cultural Siqueiros

Avenida División del Norte

Nápoles

Av. Eugenia

EUGENIA

Bonanza

López

Revolución

Mateos

S. ANTONIO

Av. San Antonio

Estadio

Pl. de Toros México

DIVISIÓN DEL NORTE

Benito Juárez

Av. Universi

Avda. Río Mixcoac

Álvaro Obregón

Av. de Santa Lucía

Avda.

Av. Patriotismo

Sur

Parque I. G. Urbina

MIXCOAC

ZAPATA

Avenida División del Norte

BARRANCA DEL MUERTO

Av. Insurgentes

Avenida Río Mixcoac

Universidad

COYOACÁN

Parque Las Águilas

San Ángel

VIVEROS

Avenida Río

Coyoacán

A

B

C

D

1

2

MÉXICO D.F./CIUDAD DE MÉXICO

CAPITAL DE MÉXICO. 28.000.000 HABITANTES.

Indígena, colonial, barroca, dieciochesca, decimonónica, moderna, la capital mexicana es un fenómeno urbano difícil de catalogar. Su área metropolitana absorbe alrededor de la cuarta parte de la población de todo el país. Desde el punto de vista cultural, el D.F., como la llaman sus habitantes, es la más prolífica de todas las capitales latinoamericanas. El patrimonio prehispánico que se concentra en la ciudad y en los alrededores es insuperable. Las fiestas, los mercados de artesanía, los músicos callejeros y, sobre todo, el enorme patrimonio arquitectónico que lucen sus calles y las colecciones de sus museos conforman el lado más atractivo que cualquier visitante no debe perderse.

AVENIDA DE JUÁREZ.

INFO

Prefijo telefónico: 55.
Información y seguridad turística: telf. 52 50 01 23.
Patrullas de auxilio turístico: telf. 52 50 82 21.
Policía Preventiva del D.F.: telf. 52 42 50 00/ 52 42 51 00.
Protección civil (siniestros): telf. 56 83 11 54/ 53 45 80 00/ 53 45 80 07/ 56 83 11 42.
Cruz Roja: telf. : 10 84 90 00.
Hospital Español: telf. 52 55 96 00/ 52 55 96 45.
Urgencias médicas: telf. 060.
Bancos. *BBVA Bancomer* (telf. 52 29 69 67), *Santander* (telf. 51 69 43 00), *Visa Internacional* (telf. 001 800 84 72 911), *Master Card* (telf. 001 800 307 73 09).
Hay tres **guías del ocio** de venta en quioscos: *Tiempo libre* y *Dónde ir* (www.donde-ir.com) *y Chilango* (www.tiempolibre.com.mx).

TRANSPORTES

Hay en la capital mexicana cuatro **estaciones de autobuses** (centrales camioneras). Sus nombres indican las diferentes zonas de destino de la República:

Central Camionera del Norte. Av. Cien Metros 4.907, col. Magdalena de las Salinas, telf. 55 87 15 52.

Central Camionera del Sur. Av. Taxqueña 1.320, col. Campestre Churubusco, telf. 56 89 97 45/ 56 89 49 87.

Central Camionera de Oriente (TAPO). Calzada Ignacio Zaragoza 200, col. Diez de Mayo, telf. 57 62 59 83/ 57 62 54 14.

Central Camionera del Poniente. Sur 122, esq. Río de Tacubaya, col. Real del Monte, telf. 52 71 45 19/ 52 71 00 38/ 52 71 01 49.

Radio Taxis. *Servi Taxis 24 h,* telf. 52 71 25 60; *Servitaxis,* telf. 55 16 60 20 al 6034; *Taxi Radio A.C.,* telf. 55 66 00 77; *Taxi Radio Mex,* telf. 55 74 33 68; *Taximex,* telf. 56 34 99 12; *Radio Taxis Ejecutivos,* telf. 57 85 96 36/ 25 98 22 39. Traslados a Teotihuacán.

Los taxis verdes y blancos con franja roja son los más económicos y se recomienda tomarlos en el hotel o en la parada. Bajo ningún concepto se ha de tomar un taxi sin identificación en el tablero o sin taxímetro

El **metro** es un medio de transporte barato. Dado el tráfico caótico que respira la ciudad, se convierte en una alternativa estupenda. La línea 2 del metro (azul oscuro) atraviesa parte del centro histórico. Las estaciones Zócalo y Allende acceden al corazón de la ciudad colonial. Bellas Artes e Hidalgo quedan en los límites de la zona oeste. El acceso a la zona sur se realiza en las estaciones Salto del Agua, San Juan de Letrán, Isabel la Católica y Pino Suárez. Esta última conserva los restos de una pirámide azteca. El autobús y los *peseros*

(microbuses) también son bastante económicos. Estos últimos son más frecuentes.

Autobús turístico. El recorrido, de 2 horas y media, incluye el centro histórico, la plaza de las Tres Culturas, el paseo de la Reforma, la Zona Rosa, el parque de Chapultepec y la colonia Polanco. El billete (100 pesos) se compra a bordo.

SECRETARÍAS DE TURISMO

La Secretaría de Turismo (telf. 55 53 19 01) tiene puntos de información turística (de 9 h a 18 h de lunes a domingo).
Infotour: 01 (800) 987 82 24
Aeropuerto Internacional Benito Juárez, telf. (52) 55 71 36 00.
Antropología, Po. de Reforma y Gandhi, telf. 52 86 38 50.
Bellas Artes, entre Bellas Artes y la Alameda Central telf. 55 18 27 99.
Basílica, atrio de la basílica de Guadalupe, telf. 57 48 20 85.
Catedral, catedral Metropolitana, telf. 55 18 10 03.
100 metros, terminal Central Camionera del Norte del D.F. Telf. 57 19 12 01.
San Ángel, telf. 52 08 10 30.
Observatorio, terminal Central Camionera del Poniente. Telf. 52 72 88 16.
TAPO, terminal Camionera de Oriente, telf. 57 84 30 77.
Taxqueña, terminal Central Camionera del Sur, puerta 3, telf. 53 36 23 21.

PLANO DE METRO

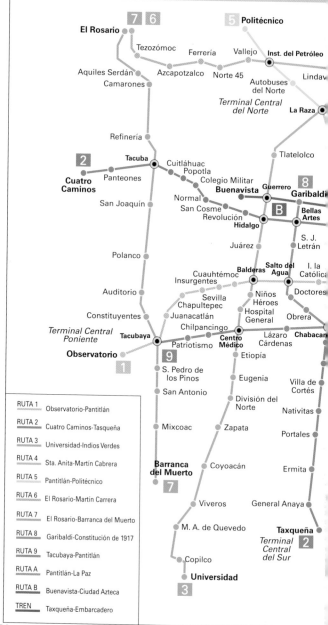

7 **6** **5** Politécnico

El Rosario
Tezozómoc Ferrería Vallejo Inst. del Petróleo
Aquiles Serdán Azcapotzalco Norte 45 Lindav
Camarones Autobuses
del Norte
Terminal Central
del Norte La Raza

Refinería Tlatelolco

2 Tacuba Cuitláhuac
Popotla
Cuatro Panteones Colegio Militar Guerrero **8**
Caminos Buenavista Garibaldi
Normal
San Joaquín San Cosme Bellas
Revolución **B** Artes
Hidalgo
S. J.
Juárez Letrán
Polanco
Salto del I. la
Cuauhtémoc Balderas Agua Católica
Auditorio Insurgentes
Sevilla Niños Doctores
Chapultepec Héroes
Constituyentes Juanacatlán Hospital Obrera
General
Terminal Central Chilpancingo
Poniente Tacubaya Lázaro Chabacan
Centro Cárdenas
Observatorio Patriotismo Médico
9 Etiopía
1 S. Pedro de
los Pinos Eugenia Villa de
San Antonio Cortés
División del
Norte Nativitas
Mixcoac Zapata
Portales
Barranca
del Muerto Coyoacán Ermita
7
Viveros General Anaya

M. A. de Quevedo Taxqueña
Terminal **2**
Central
Copilco del Sur
Universidad
3

RUTA 1
Observatorio-Pantitlán

RUTA 2
Cuatro Caminos-Tasqueña

RUTA 3
Universidad-Indios Verdes

RUTA 4
Sta. Anita-Martín Cabrera

RUTA 5
Pantitlán-Politécnico

RUTA 6
El Rosario-Martín Carrera

RUTA 7
El Rosario-Barranca del Muerto

RUTA 8
Garibaldi-Constitución de 1917

RUTA 9
Tacubaya-Pantitlán

RUTA A
Pantitlán-La Paz

RUTA B
Buenavista-Ciudad Azteca

TREN
Taxqueña-Embarcadero

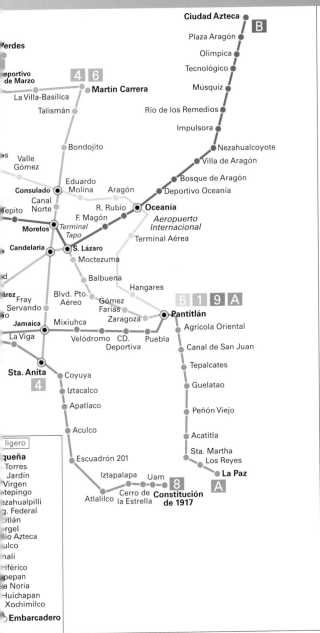

■ VISITA

México D.F. es una ciudad de barrios, diferentes unos de otros. En el centro histórico, de gran extensión, se concentran la mayor parte de los monumentos coloniales, muchos de ellos yuxtapuestos sobre templos, palacios, calles y canales de la lacustre capital de los aztecas México-Tenochtitlán. Ya lo dice la canción: "…México en una laguna", eso sí, desecada mediante un túnel construido por 450.000 indígenas en 1608. Existen otras zonas céntricas de especial interés como son el paseo de la Reforma y la zona de Chapultepec.

Al tratarse de una gran megalópolis, muchos atractivos se encuentran dispersos en barrios periféricas como Xochimilco, o en áreas residenciales como San Ángel y Coyoacán, que antes eran poblaciones cercanas. Los hay que milagrosamente se han salvado de la piqueta como es el caso de la pirámide circular de Cuicuilco, situado junto al Periférico Sur.

La Ciudad de México exige un cambio de mentalidad. La altitud (2.240 m sobre el nivel del mar), el tamaño descomunal, el tráfico, la contaminación, la delincuencia, los vendedores ambulantes, el peligro de terremotos pueden suponer un duro freno para disfrutar de esta ciudad que día a día se destruye y se renueva a sí misma. Tomar las debidas precauciones y planificar bien la visitas es fundamental para no dispersarse y agotarse. Conocer la ciudad entera puede llevar meses, sin embargo cinco días bien organizados bastarían para hacernos una buena idea y palpar sus encantos más atractivos. Tras este mano a mano a fondo, la seducción está asegurada.

A finales de 2003 se firmó un plan de rehabilitación integral del patrimonio de Xochimilco: los sistema de *chinampas* o canales declarados patrimonio de la humanidad por la Unesco en 1987. Por otra parte el Campos Central de la Ciudad Universitaria es desde 2005 patrimonio cultural de la humanidad como ocurre con Alcalá de Henares o la Universidad Central de Caracas.

▶ EL CENTRO HISTÓRICO

Es la antigua ciudad colonial y representa el alma de México. Castigada desde su fundación por terremotos e inundaciones, sus hermosas plazas y calles en cuadrícula conservan numerosos monumentos arquitectónicos construidos en la época del virreinato. El tezontle, un tipo de piedra volcánica ligera y de color rojizo, muy utilizada por los aztecas, sigue formando parte, como elemento de construcción, de edificaciones coloniales del centro histórico, que, debido a su interés artístico e histórico, fue declarada en 1987 Patrimonio de la Unesco. En definitiva, todo un ambicioso plan de restauración, a punto de finalizar y que trata de rescatarla del abandono al que fue sometida en las últimas décadas.

PASEANDO POR EL CENTRO HISTÓRICO

La **plaza de la Constitución** (Zócalo) fue y sigue siendo el corazón de la ciudad. Desde que los aztecas fundaron México-Tenochtitlán hasta hoy en día

LA PLAZA DE LA CONSTITUCIÓN O ZÓCALO.

es la sede del poder político y religioso. En medio del recinto de 5.000 m² se levanta una mastodóntica bandera mexicana.

En el costado norte se levanta la **Catedral Metropolitana,** la más grande de América Latina. Un edificio sólido y robusto y que viene a ser como una especie de tratado de arte colonial ya que recoge todos los estilos que se dieron desde el inicio de su construcción en 1567 hasta que fue terminada en 1813. Es decir, el diseño abarca el estilo herreriano, el barroco, el churrigueresco y el neoclásico francés. El remate de la fachada principal, flanqueada por dos inmensas torres de José Damián Ortiz, es obra del escultor y arquitecto valenciano Juan Tolsá.

La iglesia tiene un defecto: el peso, que lentamente hace que se hunda. Se trata de un mal endémico de toda la ciudad (hay que recordar que México D.F. se asienta sobre el lecho de dos lagos y unas cuantas islas), pero por paradójico que parezca, los mayores daños se los causó el

terremoto de 1985. Tras años de restauración, hoy se puede apreciar su sobrio y bello interior (118 m x 54 m), iluminado por la luz suave que tamizan unos ventanales de colores.

El **altar de los Reyes,** de estilo churrigueresco, es el tesoro artístico más importante de todos los que luce y el más grande de los retablos mexicanos. Tallado y dorado por el sevillano Jerónimo de Balbás en el siglo XVIII, presenta dos pinturas, más todas las florituras y figuras de la imaginería barroca. La obra, empapada de movimiento, se encuentra situada tras el altar mayor, encima de la cripta donde están enterrados todos los arzobispos de México. Pretendía honrar y deslumbrar a los monarcas españoles, pero ninguno de ellos llegó a visitar México (el primero y único en pisar el antiguo territorio azteca fue el actual rey Juan Carlos I).

Del mismo autor es el **altar del Perdón,** ubicado cerca de la entrada. Otras de las obras más interesantes son la **sillería del coro** (finales del siglo XVIII, obra de Juan

EL CENTRO HISTÓRICO
DE DÍA

M. Carpio

Zaragoza

Guerrero

Zarco

A

Sol

Sol

Estación FF.CC.
Nacionales
Buena Vista

Saturno

J. A. Alzate

Mosqueta

GUERRERO

Avenida Jesús García

Meneses

GUERRERO

Mosqueta

Lerdo

Zaragoza

Magnolia

Zarco

BUENA VISTA

Violeta

Violeta

Avenida Insurgentes

Glorieta
Simón Bolívar

B

Plaza
Buena Vista

Mina

Buena Vista

Mina

Lerdo

Puente

San
Fernando

Zarco

V. Trujano

REVOLUCIÓN

de

Alvarado

Plaza
San Fernando

Paseo de la Reforma

Avenida

Hotel
Cortés

Santa Ve

Museo
de la R

P. Arriaga

R. Arizpe

Museo de
San Carlos

San
Hipólito

Museo
Franz Mayer

St

Museo de la
Revolución
Mexicana

HIDALGO

Avenida

Hidalgo

Rosales

Pinacoteca
Virreinal

S. Juan
de Dios

Plaza de
la República

BELLAS ARTES

C

Monumento a
la Revolución

Plaza de
la Reforma

Museo de
la Alameda

Alameda Central

Palacio
Bellas A

Av. Juárez

A V E N I D A

I. Ramírez

Paseo de la Reforma

Bucareli

JUÁREZ

Independencia

Juárez

Museo de Artes e
Industrias Populares

Glorieta de
Cristóbal Colón

Avenida

Morelos

Balderas

Victoria

Luis Moya

Victo

Atenas

Luis Moya

E. Donde

Plaza
C. Pacheco

Plaza de
San Juan

Aranda López

D

Versalles

Parque
Morelos

Bucareli

Martínez

Pugibet

Mercado de
la Ciudadela

Plaza
Comercio

BALDERAS

Arcos de Belén

Sa
del A

1

2

Av. Ricardo Flores Magón

Glorieta
Cuitlahuac

Santa Ana

Plaza
Santa Ana

Matamoros

MORELOS A

Matamoros

Plaza Fray
Bartolomé
de las Casas

Paseo de la Reforma

Comonfort

Avenida

Jesús Carranza

Florida

de
eles

orieta General
é de San Martín

Rayon

Rayon

Héroes de Granadita

Mercado
La Lagunilla

Mercado
S. Camilito

Plaza
Garibaldi

CENTRO

Plaza del
Estudiante

B

Plaza
Concepción

República

de

Chile

de

Perú

de

Argentina

Florida

Plaza
Torres
Quintero

Avenida Lázaro Cárdenas Norte

Belisario

Dominguez

⑨ Sto. Domingo
Pl. de Sto.
Domingo

Antiguo Palacio
de la Inquisición

Carmen

Mercado
Rodríguez

Rodríguez Puebla

República de Cuba

⑪

Allende

Gonzáles

Antigua
Aduana

República de Venezuela

Museo Nacional
de Arte

Doncelas

Casa de Diego
y Pedraza

Obregón
La Enseñanza

Secretaría de
Educación Pública

San Ildefonso

Iglesia
de Loreto

El Caballito

Calzada

⑧

Casa del Marqués
del Apartado

Doncelas

Escuela Nacional
Preparatoria

C

Palacio de
la Minería

ALLENDE

⑫

Tacuba

Monte de Piedad

Casa de
los Azulejos

5 de Mayo

Templo Mayor

Museo del
Templo Mayor

Justo Sierra

Museo
J. L. Cuevas

Loreto

Francisco Ind. Madero

Iglesia de
la Profesa

⑩

Sagrario

Monte de Piedad

Santa
Inés

Santísima
Trinidad

Antiguo
Arzobispado

Moneda

n Francisco

Palacio de
Iturbide

6 de Septiembre

Catedral
Metropolitana

Museo Nacional
de las Culturas

Escuela Nacional
de Artes Plásticas

enustiano

Carranza

ZÓCALO 🏛

Plaza de la
Constitución
(Zócalo)

Palacio
Nacional

Corregidora

epública

de

Antiguo Edificio
del D.D.F.

Nuevo Edificio
del D.D.F.

Suprema Corte
de Justicia

Venustiano Carranza

Almondiga

④

Uruguay

Rep. de Uruguay

Plaza
G. Bravo

D

ública

de

Bolívar

de

El Salvador

Isabela Católica

Museo de la
Ciudad de México

Rep.

de

El Salvador

Claustro de
la Merced

os
as

Vizcaínas

Mesones

Pino Suárez

Correo Mayor

Jesús
María

Talavera

Plaza de
Regina

Hospital
de Jesús

⑥

3

4

0   150   300 m

EL AMBIENTE DE DÍA EN EL CENTRO

(Ver plano de las pág. 38-39)

El centro histórico

No sólo aglutina monumentos y museos, también es una zona de secretarías gubernamentales (ministerios) y oficinas. Por lo tanto, encontraréis por la calle gente de todo tipo: funcionarios, oficinistas, personas que vienen a resolver asuntos burocráticos y gran cantidad de turistas. A la hora del almuerzo, los restaurantes, taquerías y locales dedicados a la venta de zumos y frutas se transforman en un crisol humano. Al contrario que por la noche, el día es ideal para pasear por las calles. Eso sí, una vez que se abandonan las áreas turísticas es necesario tomar precauciones. Los lugares más ambientados son el Zócalo, las calles Tacuba, 5 de Mayo, Madero, Seminario y la plaza de Santo Domingo. Las calles 5 de Mayo, Madero y Monte de Piedad son muy conocidas por sus joyerías.

Zona de compras

En la Av. Juárez, frente a la Alameda, hay multitud de puestos callejeros, lo mismo que en la salida del metro Hidalgo. Venden de todo: regalos, imitaciones, piratería, música, etc.
Otro tanto ocurre con la Av. Lázaro Cárdenas Sur, muy frecuentada por los aficionados a la informática y en las calles que la cortan, donde también abundan los pequeños comercios.

de Rojas) y la **verja** que lo protege (del siglo XVIII, forjada por artistas de Macao). El templo cuenta además con 14 capillas

Iglesia del Sagrario.

que lucen otros tantos retablos coloniales. Uno de los cuadros incluido en la sacristía se le atribuye a Murillo.

Adosado a los muros orientales del edificio se levanta **El Sagrario,** una iglesia del siglo XVIII obra de Lorenzo Rodríguez, con un bello retablo en el interior. Su portada churrigueresca, profusamente decorada, ratifica el arraigo que tuvo ese estilo en México.

El otro edificio importante, el **Palacio Nacional** *(abierto de 9 h a 17 h; fines de semana de 10 h a 17 h. Entrada gratuita)* es la sede oficial de la Presidencia, pero no la residencia del presidente, que vive en Los Pinos, cerca del parque de Chapultepec. Sí lo fue del emperador Moctezuma II (sobre el solar del edificio central se levantaba su palacio), de Cortés, de los virreyes, de algún que otro mandatario –Benito Juárez murió aquí– y casa de huéspedes para ilustres visitantes en tiempos de Maximiliano. El aspecto que presenta es fruto de varias remodelaciones; durante la última, realizada en 1927, se añadió la planta superior. Se levanta en el lado este y ocupa toda una manzana con una fachada principal que ronda los 200 m. Sobre la entrada principal pende la campana que el 15 de septiembre de 1910 utilizó el cura don Miguel Hidalgo para llamar en el municipio de Dolores a la sublevación contra los españoles. Cada año, en conmemoración de este hecho, es el presidente quien toca la campana para celebrar la Independencia de México.

Dentro del palacio existen patios interiores que unen y separan las dependencias. El primero, con tres niveles de arcadas, sirvió, en 1526, para celebrar una corrida de toros. Se trata de un amplio y geométrico espacio, jalonado en el centro por una fuente. Es la dependencia más visitada por los viajeros que acuden para contemplar los **murales** que Diego Rivera plasmó en la pared de la escalera y en la

MURAL DE DIEGO RIVERA.

MOCTEZUMA, EL ÚLTIMO EMPERADOR

Guerrero, con fama de sabio, autoritario, respetuoso con las leyes y sumamente religioso, Moctezuma II ejerció el cargo de "tlatoani" de los mexicas (rey) entre 1502 y 1520. Durante su mandato el imperio azteca alcanzó la máxima expansión, sometiendo a severos tributos a numerosos pueblos vecinos. De carácter supersticioso, confundió la llegada de Cortés con el regreso del dios Quetzalcóatl, anunciado por las profecías, y ése fue su gran error.

El 8 de noviembre de 1519 recibió al conquistador español y lo alojó en el palacio de Axayácatl. Éste lo tomó como rehén para protegerse contra posibles traiciones. La matanza en el Templo Mayor, cometida por Pedro de Alvarado al mando de las tropas españolas destacadas en Tenochtitlán durante la ausencia de Cortés, desencadenó una rebelión popular. Moctezuma murió apedreado por su pueblo, cuando, obligado por el capitán español, intervino para pacificarlo.

galería norte de la primera planta. Las pinturas –de gran belleza y calidad, ejecutadas con colores suaves y cálidos– reflejan la historia de México. A la visión un tanto idílica de los temas prehispánicos –Rivera era un gran enamorado y todo un conocedor del mundo indígena–, el pintor añade una interpretación marxista de los hechos y la antipatía que profesaba contra los españoles.

En el lado sur se erigen los dos **palacios del gobierno** de la ciudad. Uno fue construido poco después de la caída de México-Tenochtitlán y el otro en los años cincuenta del siglo XX. El primero fue la sede del antiguo Ayuntamiento y además del escudo de la ciudad presenta el de Villa Rica de Veracruz (primer ayuntamiento fundado en el continente americano), el de Hernán Cortés, el de Cristóbal Colón, el de Coyoacán y el de la Fundación de México. Alineados con ellos y cruzando la calle J. M. Pino Suárez, se halla la **Suprema Corte de Justicia,** que luce el mural de *La justicia* de Orozco, y el de *La guerra* del norteamericano Biddle. Detrás de ambos, en la esquina entre Vetustiano Carranza y 15 de Noviembre se levanta la **iglesia de San Bernardo,** construida en el siglo XVII, con una fachada de ornamentación muy fina.

En el lateral oeste aparece el **portal de Mercaderes,** llamado así porque era el lugar donde se vendían los productos traídos de Filipinas por la Nao de China. Hoy los soportales están plagados de joyerías y sirven de sustento a las dependencias de dos famosos y caros hoteles: el *Gran Hotel Ciudad de México* (vestíbulo estilo art nouveau y acceso por 16 de Septiembre) y el *Majestic* (acceso por la calle Francisco Madero). Desde las terrazas de ambos, transformadas en restaurantes (también caros), se contemplan las vistas panorámicas más bellas del Zócalo.

Otro de los grandes edificios, el **Nacional Monte de Piedad,** está siguiendo el lateral y pasando la calle 5 de Mayo.

Sobre el mismo solar se levantaba el **Palacio Axayácatl,** séptimo emperador azteca y una de las mejores residencias de la época azteca que sirvió de alojamiento para Hernán Cortés y sus tropas.

Las **ruinas** y el **Museo del Templo Mayor** *(abierto de martes a domingos, de 9 h a 17 h; la entrada cuesta 37 pesos)* se pueden ver desde la calle

PALACIO NACIONAL DEL GOBIERNO.

RUINAS DEL TEMPLO MAYOR.

Seminario, por donde está la entrada al recinto, y desde donde se tiene una panorámica completa de las ruinas de la principal pirámide de los aztecas y sus edificios anexos. Entre ellos, el recinto de las Águilas, los templos rojos y el muro de los cráneos.

La construcción, de siete estructuras superpuestas, fue destruida casi en su totalidad por los españoles y sus aliados indígenas. Lo que puede apreciarse es lo que no tocaron. Durante las excavaciones llevadas a cabo entre 1978 y 1982 se encontraron numerosas esculturas de piedra, algunas de las cuales se exhiben en el Museo del Templo Mayor.

En sus ocho salas se tratan diversos aspectos de la vida en esta ciudad prehispánica, como la religión, la organización social y el comercio. Entre las piezas rituales exhibidas hay dos altares gemelos dedicados a Tláloc, dios de la lluvia, y a Huitzilopochtli, el sol y dios de la guerra, más una losa de piedra con el relieve de Coyolxauhqui, deidad lunar. Esta última pieza fue hallada en 1978 junto al Templo Mayor, mientras excavaban para realizar obras para el tendido eléctrico. El monolito, casi circular, mide 3,40 m x 2,95 m y pesa 8 toneladas. La imagen representa el estado en que quedó la diosa tras ser arrojada por un cerro por su hermano el Sol.

El tamaño del templo y sus distintas dependencias fue mucho mayor que sus ruinas, como prueban los restos encontrados en otros recintos. El problema es que, de continuar con las excavaciones, habría que desmantelar muchos edificios de los alrededores, entre ellos, la vecina **casa del Marqués del Apartado**, del siglo XIX obra de Manuel Tolsá, que conserva en el patio restos del recinto prehispánico. Para completar la información del museo nada mejor que contemplar la reconstrucción de la antigua México-Tenochtitlán que enseña la maqueta, ubicada delante de la entrada a las ruinas, donde cada día grupos de "concheros" danzantes que ejecutan danzas prehispá-

43

nicas se reúnen para amenizar el tránsito de los visitantes que se acercan hasta aquí.

AL ESTE DEL ZÓCALO

El segundo recorrido que se puede hacer al este del Zócalo arranca en la calle de la Moneda, frente a la maqueta, una vía monumental a tenor de los antiguos palacios, iglesias y casas solariegas que se levantan sobre sus aceras. Nada más iniciar la vía su andadura se topa a la izquierda con la Antigua Universidad; la Casa de Campanas que en 1536 acogió la primera imprenta de América y el antiguo Palacio Arzobispal,

CORTÉS, HÉROE O DEMONIO

Hernán Cortés, descubridor y conquistador de México, es uno de esos personajes maltratados por la historia y el centro de un odio colectivo e irracional, muchas veces propagado por diversos intereses y proclamas oficiales.

Calificado por Salvador de Madariaga como "una de las figuras más relevantes del Renacimiento español", nació en Medellín (Extremadura) en 1485 en el seno de una familia de hidalgos venidos a menos. Estudió leyes en la Universidad de Salamanca y a la temprana edad de 19 años se embarcó con

rumbo al Nuevo Mundo. Desde Cuba, donde llegó a ser alcalde del cabildo de Santiago de Baracoa, partió hacia México quedando al mando de una expedición integrada por 10 naves y 608 hombres. Después de recorrer gran

parte de la costa de Yucatán y Tabasco, desembarcó en Veracruz. Sirviéndose de la ayuda de los totonacas y tlaxtaltecas, consiguió derrotar al imperio azteca. Conquistó además la región central de México y Guatemala e impulsó la economía y evangelización.

Por los servicios prestados, Carlos V lo nombró capitán general y gobernador de la Nueva España. Acusado injustamente de abusos, fue posteriormente destituido de este cargo, sin embargo recibió el título de marqués del Valle de Oaxaca.

Después de la gesta mexicana, dirigió una expedición fallida a Honduras y otra a la península de Baja California.

Aunque murió en España, en Castilleja de la Cuesta en 1547, fue trasladado más tarde a la ciudad de México por expreso deseo suyo y sus restos acabaron reposando en la iglesia de Jesús.

transformado en el **Museo de la Secretaría de Hacienda y Crédito Público** *(abierto de martes a domingo de 10 h a 17.30 h. Entrada: 8 pesos),* con obras de Diego Rivera, Rufino Tamayo y otros artistas contemporáneos.

En el número 13, la antigua Real Casa de la Moneda de la Nueva España es hoy el **Museo Nacional de las Culturas** *(abierto de martes a a jueves de 10 h a18 h y viernes a domingo de 10 h a 20 h. Entrada gratuita),* con obras de arte de diversos grupos étnicos del mundo y un mural de Rufino Tamayo dedicado a la revolución mexicana. Otro mural del mismo pintor, dedicado a la música, se exhibe más adelante, en la primera de las casa del Mayorazgo de Guerrero.

En la esquina con la calle Academia se erige la **iglesia de Santa Inés,** de finales del siglo XVI. Sus puertas, de gran valor artístico, están talladas con escenas de la vida de la santa. El convento de al lado, restaurado por Manuel Tolsá en el siglo XIX, se ha convertido en el **Museo José Luis Cuevas** *(abierto de martes a domingo de 10 h a 18 h. Entrada: 20 pesos; www.museojoseluiscuevas. com.mx),* con grabados de Picasso, Rembrandt, Chillida, etc.

A espaldas de ambos, en la cercana calle Lic. Verdad, el antiguo **convento** barroco **de Santa Teresa** *(abierto a diario de 10 h a 18 h. Entrada gratuita),* sede del Instituto de Bellas Artes, se utiliza para los proyectos culturales dedicado a manifestaciones artísticas de vanguardia como vídeo, música, danza y teatro experimental así como todo tipo de manifestaciones artísticas alternativas.

Si se camina por la calle Moneda, justo cuando la calle cambia de nombre a General Emiliano Zapata, se encuentra a la derecha con el antiguo **Hospital Amor de Dios,** sede de la antigua y famosa Academia de San Carlos, fundada por Carlos III. Continuando por la misma vía aparece la **iglesia de la Santísima Trinidad,** del siglo XVII, la cual luce fachada churrigueresca.

La **Alhóndiga,** otro de los edificios coloniales, se encuentra un poco más abajo, siguiendo por la calle homónima.

AL SUR DEL ZÓCALO

Muchas de las calles del centro histórico siguen el trazado de los antiguos canales prehispánicos. En el plano de México actual se puede apreciar cómo los grandes ejes actuales coinciden con las calzadas construidas por los aztecas. La mejor fuente de documentación se halla en el **Museo de la Ciudad de México** *(abierto de martes a domingo de 10 h a 18 h. Entrada: 35 pesos),* ubicado en el antiguo palacio de los Condes de Calimaya, calle Pino Suárez 30.

Enfrente, en el número 35, se erige el **Hospital de Jesús,** fundado por Cortés en 1524, en el lugar donde tuvo su primer encuentro con el emperador Moctezuma. Se trata de un bello edificio colonial, aún en funcionamiento, con un bello artesonado morisco de la época —el único en América— en la sala de dirección. Otras dependencias que se pueden visitar son los jardines y

LA MONJA POETA

Una de las figuras más relevantes de la literatura hispanoamericana es Juana Inés de Asbaje y Ramírez de Santillana, más conocida como Sor Juana Inés de la Cruz.

Nació el 12 de noviembre de 1648 en la hacienda de San Miguel Nepantla, hoy población del estado de México. Parte de su infancia la vivió al lado de su abuelo materno, propietario de una gran biblioteca. A los 3 años aprendió a leer y a los 8 compuso una oda al Santísimo, poco después de comenzar sus estudios en México. A los 18 años profesó en la orden de San Jerónimo. Estudió filosofía, teología, música, pintura y astronomía. Cultivó el teatro, la prosa y la poesía profana y religiosa. Su biblioteca llegó a albergar 4.000 libros, además de instrumentos musicales y científicos, pero tras una de esas crisis económicas que azotaron a la Nueva España se vio obligada a venderlos con el único fin de ayudar a los más necesitados.

Hacia el 1690 era conocida en todo el mundo hispánico como "poetisa única" y la "décima musa". Murió en 1695 a causa de la peste. Criticada y olvidada, su figura y obra fue rescatada por los modernistas.

un patio porticado de dos plantas. En la segunda planta se exhibe un busto del conquistador, obra de Manuel Tolsá, la única estatua oficialmente que existe del ilustre extremeño en México. Casualmente, sus restos se hallan depositados en la **iglesia de Jesús,** colindante, en una tumba sencilla, junto al altar mayor y redecorada por un gran mural de Orozco. Por la vecina calle Uruguay en dirección oriente se llega al **templo de Porta Coeli,** del siglo XVII. Más adelante, en la esquina con Talavera, se puede ver el **convento de la Merced,** también del siglo XVII, del que sólo se conserva el claustro, de dos plantas –la segunda de estilo mudéjar– considerado el más bello de la ciudad.

El centro histórico es un lugar donde proliferan multitud de construcciones conventuales secularizadas por sucesivas desamortizaciones a través del tiempo. Una de ellas es el **claustro de Sor Juana Inés de la Cruz** o ex convento de San Jerónimo, en la plaza de San Jerónimo 47, donde la célebre monja dio rienda suelta a su vocación poética. Bastante diezmado por numerosos expolios durante años, tuvo múltiples usos en el pasado. Durante los años cuarenta funcionó como lugar de "ficheras": sala de baile donde la gente compraba una ficha y la entregaba a las bailarinas con las que bailaban bien pegaditos. Se dice que Rivera y Sequeiros estuvieron entre la clientela. Hoy es la sede de la Universidad del Claustro de Sor Juana, que imparte licenciaturas en arte, filosofía, literatura y otras muchas disciplinas. Sus salas también acogen exposiciones, conciertos y otros actos culturales.

Otro edificio secularizado es el **colegio de las Vizcaínas,** en el número 21 de la calle homónima. Se trata de una antigua escuela de caridad para niñas pobres que conserva en la capilla retablos de estilo churrigueresco.

AL NORTE DEL ZÓCALO: PLAZA DE SANTO DOMINGO

La calle Justo Sierra es, además de una joya del arte, un recordatorio de la pedagogía religiosa de la época. Al recorrerla de un lado a otro aparecen museos, edificios religiosos y varios colegios. En el número 16 se levanta la construcción más importante: el **antiguo colegio San Ildefonso** *(abierto de martes a domingo de 10 h a 17.30 h. Entrada: 45 pesos),* fundado por los jesuitas en 1582. El actual edificio data del siglo XVIII y tiene dos patios gemelos, circundados por corredores y arcadas de medio punto. Es también conocido por los murales que decoran sus paredes, obra de destacados pintores mexicanos, entre los que se encuentran Sequeiros, Orozco y Diego Rivera.

Justo al lado del colegio San Idelfonso, en la esquina con Carmenen, se encuentra otro antiguo **colegio,** el de **San Pedro y San Pablo,** que añade a su estilo austero de principios del siglo XVII un vasto currículo, ya que además de templo y colegio llegó a ser biblioteca, bodega y manicomio. La calle termina en dirección hacia el oriente en la **plazoleta de Loreto,** que además de contar con un templo neoclásico del siglo XVIII, luce una fuente de Manuel Tolsá. Circundada también por importantes monumentos se halla la **plaza de Santo Domingo.** Edificada sobre las ruinas del palacio

IGLESIA DE SANTO DOMINGO.

de Cuauhtémoc, el sucesor de Moctezuma, se revela como un lugar pintoresco, tomada en los soportales por tipógrafos que imprimen a la vieja usanza invitaciones de boda, comunión, etc. y "evangelistas" o escribanos, que lo mismo redactan a máquina una carta de amor como dan forma a una instancia oficial plagada de florituras burocráticas. En la cabecera, la **iglesia de Santo Domingo,** del 1716, es la única dependencia, junto a la capilla de la Expiración, que no ha sido secularizada o destruida del famoso convento que los dominicos fundaron en 1539. El interior, poco luminoso, invita al recogimiento. Unos retablos de estilo barroco y otro neoclásico, obra de Manuel Tolsá, son los que quedan de aquella suntuosidad que en otro tiempo sirvieron de referencia para alumbrar críticas y envidias.

En el lado este de la plaza se levantan dos edificios del siglo XVIII, la **Antigua Aduana** y el **palacio de la Inquisición.** Este último muestra una portada grecorro-

PATIO DE LA SECRETARÍA DE EDUCACIÓN.

mana. Fue además salón de bailes públicos, colegio, cárcel para políticos y, a partir de 1847, sede de la facultad de Medicina. Actualmente funciona como **Museo de la Medicina Mexicana** *(Brasil, 33 Col. Centro. Abierto a diario de 10 h a 18 h. Entrada: 35 pesos; telf. 52 55 29 75 42),* donde se enseña la evolución de la medicina en México desde la época prehispánica hasta nuestros días. A espaldas del museo se halla la **Secretaría de Educación Pública** *(abierta de lunes a viernes de 9 h a 14 h),* con entrada por la calle República Argentina 28 o Brasil 31. El edificio, de estilo colonial, une la Antigua Aduana, dos casas particulares del siglo XVIII y del XIX y otro edificio levantado en los años 20 sobre las dependencias del antiguo convento de la Encarnación, del que sólo se conservó la iglesia barroca, actualmente sede de la **Biblioteca Iberoamericana.** Sus dos patios, con tres niveles de arcadas, fueron decorados, entre 1923 y 1928, con alrededor de 200 murales de Diego Rivera y otros dos artistas, Jean Charlot y Amado de la Cueva. Los temas desarrollados ilustran la revolución, el trabajo y diversos aspectos de la vida del pueblo mexicano. En 1945 Sequeiros completa la decoración del edificio con el mural *Patricios y patricidas,* ubicado en la escalinata central que se levanta entre ambos patio de la Antigua Aduana.

LA PLAZA DE LAS TRES CULTURAS

Un poco más al norte del centro histórico, se trata de un lugar que

PLAZA DE LAS TRES CULTURAS.

tuvo gran importancia para los aztecas y para los españoles poco después de la conquista.

Caminando desde el Zócalo, puede llevar media hora el llegar hasta la plaza. En metro se llega por la línea 3, estación Tlatelolco. También cogiendo alguno de los *peseros* que recorren el paseo de la Reforma en dirección a la Villa o los que surcan el Eje Lázaro Cárdenas (se pueden tomar enfrente del palacio de Bellas Artes).

El nombre de la plaza hace honor a las tres etapas representadas en las diferentes construcciones instaladas en el perímetro: unas ruinas prehispánicas, un templo colonial y el edificio moderno de la Secretaría de Asuntos Exteriores. Antiguamente Tlatelolco era una isla del lago de Texcoco, donde un grupo de mexicas se establecieron en 1338. Existía un centro ceremonial y un gran *tianguis* o mercado.

Cortés, al referirse a la plaza en su segunda carta de *Relación,* comenta que es dos veces más grande que la de Salamanca y se encuentra rodeada de portales.

Al mercado, que a diario se celebraba en el recinto, acudían 60.000 almas a comprar y vender. Bernal Díaz del Castillo, cronista y soldado de Cortés, hace un relato pormenorizado y completo del mercado en su libro *La verdadera conquista de la Nueva España.* Describe la venta de todo tipo de alimentos y mercancías y comenta que era necesario más de dos días para conocerlo todo. En medio de las ruinas prehispánicas del **recinto ceremonial de Tlatelolco** *(abierto de 9 h a 18 h de martes a domingo. Entrada: 35 pesos)* se descubre la **iglesia de Santiago de Tlatelolco** de 1609, con portada barroca y edificada sobre un antiguo templo construido poco después de la conquista. Su convento ocupa el solar del colegio de la Santa Cruz, una institución que desde 1536 funcionó dedicada a la enseñanza de los nobles aztecas. En ella ejerció de profesor fray Bernardino de Sahagún, considerado el máximo investigador de la cultura nahua. Sin sus investigaciones –escritas en latín, castellano y náhuatl, una lengua que dominó a

49

la perfección– se habría perdido gran parte de la cultura de los aztecas. Actualmente están agrupadas en una publicación titulada *Historia general de las cosas de la Nueva España*. La plaza tiene una bella inscripción: "[…] no hubo ni triunfo ni derrota, fue el nacimiento de una raza mestiza que es el México de hoy".

AL OESTE DEL ZÓCALO

El centro histórico tendió a abrirse mediante planes urbanísticos hacia el poniente en busca del parque de Chapultepec, un pulmón natural que no ha dejado de serlo desde la época azteca. Varias son las calles que escapan del Zócalo y su entorno, alineando a su paso con las perpendiculares que se cruzan fachadas de iglesias y palacios. Al sur de esta otra parte del damero, en República del Salvador 47, está el **templo de San Felipe Neri** –hoy biblioteca–, que presenta una de las mejores fachadas churriguerescas de la capital. Esta calle y aledaños está tomada literalmente por el comercio, que han transformado las antiguas casas solariegas en almacenes de electrodomésticos y quincallas relacionadas con la informática. Se supone que bajo los cimientos de la calle yace el antiguo juego de pelota de los aztecas.

Otros espacios prehispánicos están sepultados bajo los cimientos coloniales, en la calle Francisco Madero I, donde hoy se yergue el templo y convento de San Francisco de México y la capilla de la Balvanera, donde tenía su zoológico privado el emperador Moctezuma.

Enfrente se levanta la **casa de los Azulejos,** antiguo mayorazgo del conde de Orizaba y hoy sede de los almacenes *Samborn's.* Su origen se remonta al siglo XVI, pero el aspecto actual se debe a posteriores reformas. La escalera que conduce a los lavabos luce el mural *Omnisciencia,* realizado por el pintor Orozco.

En la misma calle se sitúa el **palacio de Iturbide,** residencia entre 1821 y 1823 del primer emperador de México Agustín Iturbide. Actualmente es propiedad del Banco Banamex. Por norma general se encuentra cerrado, pero merece la pena entrar tras admirar la fachada y la portada; llamad y pedid permiso a los guardias de seguridad *(abierto de 10 h a 19 h; martes cerrado)* para contemplar su hermoso patio porticado, edificado a finales del siglo XVIII.

Más adelante se halla el **templo de la Profesa,** cuya torre inclinada es una señal inequívoca de la falta de firmeza del suelo. La iglesia también presenta fachada con la calle Isabel la Católica, otra de las vías que conserva algunos ejemplos de casas nobiliarias.

Tan importante como la calle Madero es la calle Tacuba, cuyo espacio más notable es la **plaza de Manuel Tolsá,** dedicada al insigne arquitecto y escultor valenciano, director de la Academia de San Carlos y artífice de numerosos proyectos que dejaron huella en la ciudad. Entre ellas, la **estatua** ecuestre del monarca Carlos IV, más conocida por *El Caballito.* El **palacio de la Minería** *(visita de miércoles a domingos*

de 10 h a 18 h. Entrada: 25 pesos, www.palaciomineria.unam.mx) es uno de los mejores ejemplos del neoclasicismo de la ciudad. Además de la capilla y de algunas salas, este palacio alberga dos meteoritos.

De espaldas al Caballito abre sus puertas el interesante **Museo Nacional de Arte** *(abierto de martes a domingo de 10.30 h a 17.30 h. Entrada: 30 pesos; www.mna.-inah. gob.mx)*, instalado en el que fue el antiguo palacio de Comunicaciones y Obras Públicas, el cual exhibe una muestra bastante notable de pintores mexicanos que abarcan desde el siglo XVI al XX.

Un poco más hacia el norte queda la **plaza de Garibaldi,** lugar donde se congregan los mariachis esperando ser contratados y donde acuden parejas y grupos de amigos para escuchar en directo su tema preferido a cambio de unos cuantos pesos.

La calle Condesa separa el palacio de la Minería del **palacio de Correos,** una mezcla del plateresco español y el gótico veneciano, construido por Adamo Boari a principios del siglo XX.

El palacio de Correos se asoma al Eje Central Lázaro Cárdenas, primer límite que tuvo la ciudad colonial. En la misma vía se alza la **Torre Latinoamericana,** un edificio moderno y espigado construido en hierro y cristal. Inaugurado en 1956, mide 182 m incluida la antena. Sus tres últimos pisos, el 42, 43 y 44, forman parte de un mirador desde donde se contempla, en los días claros, una gran panorámica de la ciudad y de los volcanes.

Al poniente de ambos edificios se extendía un espacio de *tianguis* (mercado) que en 1592 se transformó en una gran plaza: la **Alameda Central,** realizándose de esta manera la primera ampliación urbanística de la ciudad colo-

EL MURALISMO

La pintura mural se remonta a la época prehispánica. En la zona del altiplano, alcanzó gran madurez y perfección en Teotihuacán, donde los muros de templos y palacios eran encalados y cubiertos, frecuentemente con frescos. Escenas de animales con motivos simbólicos, dioses y sacerdotes celebrando rituales religiosos conforman el tema central de gran parte de estas composiciones con un tratamiento muy refinado del color. Los mayas también llegaron a cultivar este arte, aunque desgraciadamente los murales con los que adornaron las estancias de sus templos y palacios han desaparecido o sólo quedan restos. En Bonampak (Chiapas) se encuentran los mejores conservados. Cacaxtla (estado de Tlaxcala), habitada por los olmecas-xicalancas, es otra referencia de la pintura prehispánica. *La Batalla* es uno de los murales mejor conservado del mundo precolombino.

Durante el siglo XX el trío Diego Rivera, Sequeiros y Orozco hacen del muralismo la mayor aportación mexicana al arte contemporáneo. Esta tendencia de decorar paredes surge tras la Revolución, para educar al pueblo dentro de una visión histórica acorde con los cánones del nacionalismo. En el temario aparece el mundo prehispánico visto desde un punto de vista idílico, la conquista y el colonialismo interpretadas como formas de opresión, la guerra de la Independencia y la Revolución como epopeyas de liberación, el desarrollo industrial y una visión de México unido rompiendo cadenas, como un paso hacia la utopía.

Diego Rivera, el fundador del movimiento, fue una persona un tanto provocadora y contradictoria. Le encantaba inventar historias y ser mecenas de reuniones. El revolucionario Trotsky llegó a México gracias a su invitación, aunque más tarde rompería con él. Sus murales respiran sua-

nial. El nuevo recinto sirvió de lugar de ejecuciones inquisitoriales y jardín de la burguesía. En el siglo XIX fue convertido en un parque romántico, con todos los elementos de la época: fuentes, quiosco de música, esculturas, etc. Diego Rivera la inmortalizó en 1947 en un mural, conocido por *Sueño de una tarde domini-* *cal en la Alameda Central,* realizado por encargo para decorar el comedor Versalles del Hotel del Prado, hoy desaparecido por efectos del terremoto de 1985. Tras el seísmo fue trasladado a la cercana calle Balderas, esquina Colón, a un edificio bautizado como **Museo Mural de Diego Rivera** *(abierto de martes a do-*

vidad y color y presentan un mundo prehispánico bastante dulce y un tanto sensual y soñador. A proposición de José Vasconcelos, ministro de instrucción pública, inició la decoración de las paredes del edificio de la Secretaría de Educación Pública.

David Alfaro Siqueiros fue un activista político y hombre de compromiso. Conocido por el *Coronelazo* (participó como voluntario en la Guerra Civil española, con el grado militar de coronel), tomó parte en huelgas y varias veces estuvo preso. En su pintura, un tanto violenta, refleja un mundo acorde con sus creencias.

José Clemente Orozco es el más universal del trío. Denunció situaciones sociales a través de su pintura e incluso consideró a la Revolución como un engaño sanguinario, cuyas consecuencias serían de nuevo el servilismo. A pesar de todo se le puede considerar un idealista, que a través de la pintura trasmite sentimiento, tragedia y pasión. Otros grandes muralistas fueron Tamayo, Pedro Coronel,

Guan O'Gorman y Desiderio Hernández Xochitiotzin. El muralismo alcanzó su madurez en los años cincuenta. Después, la moda de decorar paredes se convirtió en pura retórica.

Contemporánea al muralismo es la pintura de **Frida Khalo.** Esta mujer, esposa de Diego Rivera, quizás es una de las pintoras más importantes que ha dado el país en el siglo xx. No llega a renunciar al colorido y a esa tradición popular de los pintores de exvotos, pero, como contrapunto a la temática de los muralistas, sus cuadros miran más hacia dentro y buscan el propio universo personal.

mingo de 10 h a 18 h. Entrada: 10 pesos). La pintura presenta diferentes personajes y episodios de la historia de la Alameda y México. En primer término, hacia el centro izquierda, aparece en primer plano el pintor vestido de niño, acompañado de Frida Khalo y flanqueado por la *Calavera Catrina* retratada del

brazo de José Guadalupe Posada, su creador.

Al lado se halla el antiguo convento de San Diego, hoy convertido en **Laboratorio Arte Alameda** *(abierto de 9 h a 17 h, sábado de 10 h a 14 h. Entrada: 15 pesos),* dedicado al arte contemporáneo y a las creaciones electrónicas.

Al otro lado del paseo de la Reforma, dos conjuntos barrocos sirven de límite al centro histórico. El primero está integrado por la **iglesia** y antiguo **hospital de San Hipólito.** El segundo por la **iglesia de San Fernando** que luce una bella fachada churrigueresca.

Paralela a la Alameda y alineada con los monumentos anteriores se encuentra la Av. Hidalgo, y justo en mitad de la misma, la **plaza de la Veracruz,** que ha ido hundiéndose a lo largo de los años. Limitada por dos iglesias que el peso y el paso del tiempo han ido inclinando, el recinto de la plaza es como un oasis provinciano y colonial, con una fuente en el centro que derrama sus aguas con sosiego, ajena al ruido de los coches que a gran velocidad circulan por la avenida. Hacia el oriente del recinto se erige la **igle-**

CÚPULA DE LA IGLESIA DE LA SANTA VERACRUZ.

sia de la Santa Veracruz, un edificio del siglo XVI, restaurado en el siglo XVIII, con fachada churrigueresca que conserva en el interior el *Cristo de los Siete Velos,* una imagen regalo del emperador Carlos V.

Junto a ella está instalado el **Museo Nacional de la Estampa** *(abierto de martes a domingo de 10 a 18 h. Entrada: 10 pesos),* dedicado al grabado, con obras sobre la colonización española y del artista José Guadalupe Posadas.

Enfrente se sitúa el hospital, iglesia y convento de San Juan de Dios, una edificación del siglo XVIII en su mayor parte, con una larga trayectoria como hospital. En la actualidad es sede del **Museo Franz Mayer** *(abierto de martes a domingo de 10 h a 17 h, miércoles hasta las 19 h. Entrada: 35 pesos; www.franzmayer.org.mx).*

Pasa por ser uno de los espacios de exhibición más importantes de la capital. Además de exposiciones temporales, acoge la colección de arte donada a la ciudad de México por parte de este empresario de origen alemán.

Cuenta con objetos de artes aplicadas, mobiliario, textiles, pintura de los siglos XV al XIX, escultura votiva, platería, porcelana china, etc. En el claustro del ex convento funciona una cafetería con una excelente pastelería. En uno de los flancos de la Alameda, un **conjunto escultórico** realizado en mármol de Carrara rinde homenaje al prócer de la patria Benito Juárez.

Junto a la Alameda Central se levanta el **palacio de Bellas Artes,** una mezcla de teatro y sala de exposiciones. La obra, que fue iniciada en 1901 por el arquitecto italiano Adamo Boari quedó interrumpida durante la Revolución y acabada en 1934 bajo la dirección del mexicano Federico Mariscal.

La fachada, en mármol de Carrara, presenta los elementos florales y las estatuas correspondientes al estilo *art nouveau* puro.

El interior, un poco más trágico y oscuro, se puede considerar como una adaptación a la mexicana del estilo europeo. Los murales que decoran las paredes son obra de Siqueiros, Orozco, Diego Rivera, Tamayo, O'Gorman y Camarena. El edificio presenta un defecto de

PUERTA DEL PALACIO DE BELLAS ARTES.

diseño: el excesivo peso es responsable de su apreciable hundimiento.

DORMIR EN EL CENTRO HISTÓRICO

Lo ideal sería reservar una habitación con vistas al Zócalo en el *Hotel Majestic* (C3) **1** (telf. 55 21 86 00 al 09) o en el *Gran Hotel Ciudad de México* (D3) **2** (telf. 10 83 77 00), pero los precios son altos. Otras opciones más económicas son:

HOTEL GILLOW*** (D3) **3**

Isabel la Católica 17. Telf. 551 00 79 15/ 518 14 40. www.hotelgillow.com. Su restaurante **La Tapilla** ofrece un desayuno bufé por 89 pesos y un buen menú por 85 y 95 pesos. Las habitaciones con cama matrimonial cuestan unos 550pesos; las de dos camas alrededor de 630 pesos.

HOTEL CANADÁ*** (C3) **4**

Av. 5 de Mayo 47. Telf. 55 18 21 06 al 12, www.hotelcanada.com.mx. Se trata de un h un hotel tipo estándar, entre el Zócalo y Bellas Artes. Tiene habitaciones bien equipadas. La habitación doble cuesta 460 y 500 pesos.

HOTEL EL SALVADOR***

(D3) **5**. *República de El Salvador 16. Telf. 55 21 10 08, www.hotelelsalvador.com.* Está situado a cuatro calles del Zócalo. El edificio es nuevo y cuenta con bar y restaurante. Las habitaciones son espaciosas y disponen de televisión por cable. Cuestan unos 380 pesos.

EL CENTRO HISTÓRICO
DE NOCHE

M. Carpio

Estación FFCC. Nacionales Buena Vista

J. A. Alzate

Mosqueta

A

Zaragoza

Guerrero

Zarco

Sol

Sol

Saturno

Insurgente Norte

GUERRERO

GUERRERO

Mosqueta

Lerdo

Meneses

Zaragoza

Magnolia

Avenida Jesús García

Guerrero

Zarco

Violeta

Violeta

Glorieta
Simón Bolívar

Lerdo

BUENA VISTA

B

Gonzáles Martínez

Avenida

Plaza
Buena Vista

Mina

Mina

Buena Vista

Puente

REVOLUCIÓN

de

Alvarado

San
Fernando

Plaza
San Fernando

San
Hipólito

Zarco

Paseo de la Reforma

V. Trujano

Hotel
Cortés

Museo
Franz Mayer

Museo
de la E

Santa Ve

Ponciano Arriaga

P. Arizpe

Rosales

HIDALGO

Avenida

Pinacoteca
Virreinal

S. Juan
de Dios

Hidalgo

S

Museo de
San Carlos

Museo de la
Revolución
Mexicana

BELLAS ARTES

C

I. Ramírez

Plaza de
la República

Monumento a
la Revolución

Av. Juárez

Plaza de
la Reforma

Museo de
la Alameda

Alameda Central

Palacio
Bellas A

AVENIDA

Juárez

Paseo de la Reforma

Bucareli

JUÁREZ

Independencia

Museo de Artes e
Industrias Populares

Glorieta de
Cristóbal Colón

Avenida

Morelos

Victoria

Luis Moya

Victor

Atenas

Balderas

Aranda López

E. Donde

Parque
Morelos

Plaza
C. Pacheco

Pugibet

Plaza de
San Juan

D

Versalles

Bucareli

Martínez

Mercado de
la Ciudadela

Plaza
Comercio

Luis Moya

1

BALDERAS

Arcos de Belén

2

Sal
del A

Plaza de Garibaldi

El centro histórico no cuenta con una zona determinada de copas, pues los locales se hallan más bien dispersos. Además no es una zona segura para caminar a altas horas. Para moverse de noche por el centro de la capital lo más aconsejable es hacerlo en coche o taxi. La única excepción la constituye la plaza de Garibaldi, el "cuartel general" de los mariachis, donde suelen acudir tanto turistas locales como extranjeros y foráneos que desean agasajar a alguien con la música típica.

Plaza Santa Ana

Plaza Fray Bartolomé de las Casas

Matamoros

Av. Lázaro Cárdenas

Paseo de la Reforma

Comonfort

Avenida

Jesús C

Florida

Glorieta General José de San Martín

Rayon

Rayon

Héroes de Granadi

Mercado La Lagunilla

Mercado S. Camilito

República de Chile

República de Brasil

República de Argentina

B

Plaza del Estudiante

Florida

Avenida Lázaro Cárdenas Norte

Allende

Perú

CENTRO

Plaza Torres Quintero

Plaza Garibaldi

República de

Plaza Concepción

Belisario Domínguez

Sto. Domingo

Antiguo Palacio de la Inquisición

República de Venezuela

Mercado Rodríguez

República de Cuba

Pl. de Sto. Domingo

Antigua Aduana

Secretaría de Educación Pública

Museo Nacional de Arte

Gonzáles

Obregón

San Ildefonso

Iglesia de Loreto

Donceles

Casa de Diego y Pedraza

La Enseñanza

Rodríguez Puebla

El Caballito

Piedad

Donceles

Escuela Nacional Preparatoria

C

Calzada

Casa del Marqués del Apartado

Justo Sierra

Palacio de la Minería

Tacuba

10 Templo Mayor

Museo del Templo Mayor

Museo J. L. Cuevas

Carmen

Loreto

ALLENDE

Monte de Piedad

Monte de

Santísima Trinidad

5 de Mayo

Sagrario

Santa Inés

Casa de los Azulejos

4 Iglesia de la Profesa

Catedral Metropolitana

Seminario

Antiguo Arzobispado

Moneda

San Francisco

Francisco Ind. Madero

1

Museo Nacional de las Culturas

Escuela Nacional de Artes Plásticas

Palacio de Iturbide

ZÓCALO

16 de Septiembre

9

2

Plaza de la Constitución (Zócalo)

Palacio Nacional

Venustiano

3

Antiguo Edificio del D.D.F.

Corregidora

Alhóndiga

Carranza

Nuevo Edificio del D.D.F.

Suprema Corte de Justicia

República de

7

Uruguay

Venustiano Carranza

 epública

5

6

El Salvador

8

Rep. de Uruguay

Plaza G. Bravo

D

Bolívar

Isabel La Católica

Museo de la Ciudad de México

Claustro de la Merced

olegio e las caínas

Vizcaínas

Plaza de Regina

Mesones

20 de Noviembre

Pino Suárez

Rep.

de El Salvador

aza caínas

Hospital de Jesús

Correo Mayor

Jesús María

Talavera

3

4

HOTEL ISABEL** (D3) 6

Isabel la Católica 6. Telf. 55 18 12 13, www.hotel-isabel.com.mx. Tiene una bonita y amplia recepción. Las habitaciones son bastante espaciosas y disponen de baño privado y televisión. También alquila habitaciones por meses. Doble: 320 pesos.

HOTEL MONTECARLO**

(D3) 7. *República de Uruguay 69. Telf. 55 21 25 59/ 55 18 14 18.* Edificio muy característico ubicado en una casona colonial con patio. Dispone de televisión, teléfono y baño privado. Habitación doble: 280 pesos.

HOTEL ROBLE** (D3) 8

República de Uruguay 109. Telf. 55 22 80 83/ 55 42 43 78.

www.hotelroble.com. En pleno corazón del centro histórico, muy cerca del Zócalo. Es un establecimiento sencillo, sin ningún tipo de lujos. Ofrece habitaciones muy funcionales, alfombradas y equipadas con televisión y teléfono. Doble: a partir de 345 pesos.

HOTEL PRINCIPAL**

(D3) 9. *Bolívar 29. Telf. 55 21 13 33/ 55 21 20 32/ 55 21 43 82, www.hotelprincipal.com/.* Se ubica en el corazón del centro histórico, cuenta con 94 habitaciones sencillas y limpias. Cuesta unos 275 pesos.

HOSTAL CATEDRAL
CIUDAD DE MÉXICO (C4) 10

República de Guatemala 4. Telf. 55 18 52 32 / 55 21 61 83. www.hostelcatedral.com. Es el establecimiento más barato del centro histórico. Justo detrás de la catedral, ofrece un ambiente muy juvenil, con una cafetería bastante animada en la planta baja. Habitaciones múltiples y dobles (sin aire acondicionado ni televisión). El desayuno está incluido en el precio. En dormitorios de 6 camas, una plaza sale por 130 pesos; la doble cuesta 415 pesos. Ligero descuento con el carné de estudiante y el de alberguista.

■ AVISO

El número y las letras que acompañan a los hoteles y restaurantes hacen referencia a su situación en los distintos planos de la ciudad. Por ejemplo, HOTEL CANADÁ*** (C3) 4 significa que dicho hotel se encuentra situado en el plano de "El centro histórico de noche" [pág. 56-57], en la cuadrícula (C3) señalado con el número 4.

COMPRAS

En el **Museo de Artes e Industrias Populares,** situado en Av. Juárez 69. Localizado en el antiguo templo de Corpus. Abierto de martes a sábados de 9 h a 18 h. Se venden objetos y productos artesanales producidos en gran parte de la República.

Merece la pena visitar el **mercado de la Ciudadela** en el parque de la plaza de la Ciudadela, el más importante de los dedicados a la artesanía. Concentra un gran número de tiendas que ofrecen prácticamente cualquier tipo de producto artesanal producido en la República. La calidad suele ser bastante buena. El inconveniente son sus altos precios por lo que será necesario regatear.

De todas las joyerías del centro histórico (la mayoría en Francisco Madero y el Zócalo) la **Platería Alameda**, Av. Juárez 58 B, frente a un lateral de la Alameda, es la que ofrece mejores precios y diseño. Entre los artículos hay pendientes, collares de plata con incrustaciones de piedras mexicanas, etc. Normalmente hacen el 20 por ciento de descuento, pero regateando se puede conseguir una rebaja de hasta un 30 por ciento.

La **dulcería Celaya**, 5 de Mayo 39, telf. 55 21 17 87, está como cuando fue abierta hace 125 años: prepara con esmero los dulces típicos de cada rincón de México.

La cadena mexicana **Sanborn's,** Madero 4 (casa de los Azulejos), además de restaurante donde sirven "antojitos" y cafetería, tiene tienda de regalos, bombonería, librería, etc.

Entre los muchos mercados, el de **La Merced,** en el metro del mismo nombre, situado en el sureste del centro histórico, cerca del cruce Eje Oriente con la calle San Pablo, es todo un mundo donde se puede encontrar de todo: puestos de comida, pequeños restaurantes que sirven desayunos muy económicos y comida corrida, herbolarios, tiendas esotéricas, etc. Sin duda es uno de los más animados.

Para compras selectas la **Zona Rosa** es donde más abundan tiendas de ropa de marca, perfumería,…

▶ COMER EN EL CENTRO HISTÓRICO

Los Girasoles (C3) ❶

Plaza Manuel Tolsá, esq. Calle Tacuba. Telf. 55 10 06 30/ 55 10 32 8, www.restaurantelosgirasoles. com. Es un restaurante bastante caro, pero donde sirven *chapulines* (saltamontes), gusanos de maguey, huevas de hormiga, es decir, lo que se le ha llamado la "alta cocina mexicana", elaborada con ingredientes prehispánicos. La decoración y la cocina es mexicana. Hay que probar la *arrachera* clásica, elaborada con carne norteña y acompañada de frijoles, guacamoles y tortillas, así como los medallones de filetes al cacahuete. Se puede comer por alrededor de 150 pesos. La alta cocina es a partir de 350 pesos.

La Ópera (C3) ❷

Av. 5 de Mayo 10. Telf. 55 12 89 59. Fundada en 1906, destaca por una decoración de principios de siglo XX, con maderas talladas, lámparas art nouveau, yesería y barra de lujo. Ofrece todo tipo de bebidas. La especialidad es *caracoles al chipotle y chamorro* (a base de carne de cerdo, con surtido de salchichas) a la alemana. Se comenta que en cierta ocasión Pancho Villa disparó con su pistola hacia el techo. Sirve comida española e internacional. Amenizan la velada con música de violín en directo. Alrededor de 250 pesos.

Salón Cantina La Victoria (B3) ❸

Magnolia, 3, esquina Eje Central Lázaro Cárdenas, frente a Garibaldi. Telf. 55 26 36 67. Fundada en 1929, el dicho dice: "Dios nos dio la comida y La Victoria la bebida". Siete platos de menú y carta. La especialidad , pollo a la victoria y barbacoas. Precio medio: 190 pesos.

Yucatán Lindo Hermoso (D3) ❹.

Bolívar 57, entre República de Uruguay y República de El Salvador. Telf. 55 21 54 16/ 55 21 37 82. Tiene fama de ser el mejor del centro histórico en cocina yucateca. La decoración evoca los ambientes porfirianos. Entre los platos recomendados destaca la cochinita pibil. A partir de 115 pesos.

El Danubio (D3) ❺

Rep. de Uruguay 3. Telf. 55 12 09 12 / 55 21 09 76. www.danubio.- com. La especialidad de este local son los pescados y mariscos. Sus paredes están cubiertas de servilletas enmarcadas y firmadas por políticos, artistas y grandes escritores como García Márquez, Armando Manzanero, Octavio Paz, etc. A la carta es un poco caro, pero el menú del día es excelente: incluye cinco platos, postre y café por 125 pesos.

Al Andalus (D4) ❻

Mesones 171, centro; entre Cruces y Jesús María. Telf. 55 22 25 28/ 55 22 25 62. Cercano al Zócalo, la cocina de este local tiene que ver más con las especialidades libanesas que con la andalusí. En la carta, *keppe* crudo especial y la tripa rellena al ajillo. Los lunes preparan carnes al carbón, los miércoles *shauarma en trompo* (carne de ternera al pastor) y los viernes mariscos. De 150 a 250 pesos.

LA NOCHE

MÚSICA EN VIVO

Muchos museos y casas de cultura son de uso polivalente y por la noche se convierten en escenarios de conciertos con programas dedicados al jazz, pop, rock, música clásica, etc. Es lo que ocurre con el antiguo PALACIO DEL ARZOBISPADO, Moneda 4, telf. 91 58 12 43; el PALACIO DE BELLAS ARTES, Av. Juárez 1, telf. 55 12 25 93, y el TEATRO DE LA CIUDAD, Donceles 36, telf. 55 10 2 197. El mexicano también gusta de divertirse mientras cena, por lo que muchos de los restaurantes citados ofrecen música en directo, a cargo de cantautores, músicos solistas o mariachis.

DISCOTECAS Y BARES DE MODA

Se puede consultar una práctica web antreando.com.mx

SANBORN'S-CASA DE LOS AZULEJOS. Madero 4, col Centro, telf. 55 12 23 00. www.sanborns.com.mx/azulejos.asp. Es un agradable y tradicional bar de copas ubicado en el patio de un edificio histórico, también se pueden comer platillos típicos mexicanos y botanas.

CLUB DADA X. Bolívar 31, telf. 24 54 43 10. Es un disco bar muy de moda localizado en el segundo piso de una antigua mansión. De ambiente juvenil, ofrece música alternativa.

BAR MANCERA. Venustiano Carranza 49, telf. 55 21 97 55. Fue un antiguo salón de caballeros, que ha sido transformado en bar. Se anima mucho la noche de los viernes.

BLAÚ, Revolución 1412, col. Guadalupe Inn, telf. 56 61 09 09. Se trata de un restaurante-bar con terraza en el segundo piso y decoración minimalista, donde además de cenar se puede tomar una copa. Cierra a medianoche, excepto los jueves y sábados que permanece abierto hasta las 2 h.

THE DRAGON, Pasaje Interlomas 5, Magnocentro, col. La Herradura, telf. 52 90 25 07/ 52 90 25 08.

LA MENTIROSA, Insurgentes Sur 1869, col. Guadalupe Inn, telf. 56 62 66 78/ 55 61 35 19. Muchos jóvenes entre 23 y 30 años acuden los fines de semana a esta especie de cantina de estilo moderno, decorada al gusto minimalista, donde se puede tomar una copa, cenar y echar una partida de dominó o dados.

LA CASA DE PAQUITA LA DEL BARRIO, Zarco 202, col. Guerrero, telf. 55 83 81 31/ 55 83 16 68, es una cantina, donde cada noche de jueves y sábado, a las 19.30 h y 21.30 h, actúa Paquita la del Barrio, una de las voces más hermosas del Arrabal.

BAR EL COLMILLO O JAZZ UPSTAIRS, Versalles 52. Col. Juárez, telf. 55 92 61 64. Se trata de un bar-discoteca con música electrónica principalmente, y donde de manera ocasional hay conciertos de jazz. Abre de miércoles a sábados de 23 h a 4 h.

CÍRCULO VASCO ESPAÑOL

(D3) ❼. *Av. 16 de Septiembre 51. Telf. 55 18 29 08/ 55 18 30 51.* Ocupa la primera planta de una mansión decimonónica en la que se ha tratado de preservar el ambiente. Ingredientes de calidad. Son su especialidad las paellas, el pescado a la vizcaína y a la gallega. Ofrece de lunes a viernes un menú del día muy bueno con la mejor relación calidad/precio: tres platos, postre y café por 99, 50 pesos aproximadamente. Los fines de semana tiene bufé de mariscos y pescados por 179 pesos.

CAFÉ TACUBA (C3) ❽

Tacuba 28. Telf. 55 18 49 50. Dependiendo del tipo de comida que se elija, puede resultar un poco caro. Aun así merece la pena conocer este establecimiento abierto en 1912 por varios motivos: ocupa una casona del siglo XVII y el tipo de comida que sirve son los "antojitos" mexicanos preparados con gran calidad y de manera inigualable. También sirven desayunos. Desde 80 pesos.

HOSTERÍA DE SANTO DOMINGO (C3) ❾

Belisario Domínguez 72. Telf. 55 26 52 76. Reconocido como uno de los primeros restaurantes de la ciudad de México. Se ubica en un antiguo convento dominico. Ofrecen cocina tradicional mexicana con especialidad en pescados y mariscos. Precio: 350 pesos.

LA TERRAZA (C3) ❿

Av. Madero 73. Telf. 55 21 86 00, www.majestic.com.mx. Ocupa la terraza del Hotel Majestic y ofrece la mejor vista del Zócalo. Tiene un menú del día turístico por 93 pesos.

LOS CAPORALES (C3) ⓫

República de Cuba 78 H. Telf. 55 21 09 72. La clientela de esta antigua casa colonial, transformada en un restaurante funcional, está integrada fundamentalmente por oficinistas. Su especialidad son las carnes a la brasa y antojitos mexicanos. Ofrece comida corrida por 45 pesos, con agua de fruta incluida.

CAFÉ LA BLANCA (C3) ⓬

Avenida 5 de mayo 40. Telf. 55 10 92 60. Todo un emblema de los años 60. No se puede dejar de probar los tamales de nata, uno de los postres tradicionales de este establecimiento. Desayunos de dos tipos, el turístico por 58 pesos y el ejecutivo por 78 pesos. El precio de las comidas es de 62 pesos el menú turístico y 80 pesos el ejecutivo

MERCADO DE GARIBALDI (B3) ⓭

Plaza de Garibaldi. Los pequeños restaurantes de este mercado ofrecen toda una gran variedad de platillos mexicanos, tales como el *pozole,* la *birria* (callos), etc. Precio medio: alrededor de 45 a 50 pesos.

REFORMA Y CHAPULTEPEC

Un día puede ser suficiente para conocer esta gran avenida y sus aledaños. Como medio de desplazamiento se puede elegir algunos de los *peseros* (microbuses) que la recorren con el indicativo pegado al parabrisas "Chapultepec" o "Auditorio". Entre las paradas de metro: Insurgentes, para acceder a la Zona Rosa y Chapultepec y Auditorio para el **parque de Chapultepec.**

El parque de Chapultepec es hoy uno de los pocos lugares para relajarse al aire libre con que cuentan los capitalinos. Se puede correr, remar, pasear, divertirse o visitar espacios culturales. Los 4 km² de esta isla verde es también la sede del Zoo y de varios museos importantes, entre ellos el de Antropología e Historia.

En una jornada entera puede verse todo cómodamente.

EL PASEO DE LA REFORMA Y LA ZONA ROSA

El paseo de la Reforma fue trazado en el siglo XIX, durante el mandato del emperador Maximiliano, para unir el castillo de Chapultepec, su residencia, con el Palacio Nacional. Sus 12 km de longitud es una especie de Campos Elíseos plagado de glorietas en las que se suceden todo tipo de monumentos. En definitiva un gran bulevar, y una de las grandes avenidas arboladas del mundo, sembrada antiguamente de palacetes que han ido desapareciendo para ser reemplazados por modernos hoteles, oficinas, bancos, embajadas y edificios oficiales.

El recorrido puede arrancar del **monumento a Colón,** un conjunto escultórico de 1877, realizado en Francia por Charles Cordier. Encaramado a un pedestal se puede ver al descubridor señalando el Nuevo Mundo. Siguiendo

MONUMENTO A COLÓN.

la calle Ramírez se alcanza la plaza de la República, presidida por el **monumento a la Revolución.** Esta gigantesca obra comenzó a construirse durante la época de Porfirio Díaz, para celebrar el centenario de la Independencia y estaba destinada a ser el Palacio Legislativo. La llegada de la Revolución provocó la paralización de las obras, transformándose después en monumento a la lucha revolucionaria. Algunos de los protagonistas están enterrados aquí.

A

Avenida Homero
Gauss
Avda. Ejército Nacional
B. de Todos
B. de Las Palmas
B. de Sta. Barba
Schiller
Petrarca
Taine
Tasso
Euclides
Kelvin
Kepler
Gauss
Laplace
Halley
Flammarion
Cuvier
Buffon
Goethe
B. de Los Santos
B. de Concepción
B. Monteró
Leibniz
Leibniz
Thiers
Rousseau
Eucken
Spencer
Becquerel
Shakespeare
Herodoto
Renan
Euler
Orcaturo
Enrique
Wallon
Herschel
Bradley
Cuvier
Lafayette
Comte
Michelet

Avenida Horacio
Sudermann
Masaryk
Gutenberg
Copérnico
Thiers
Circuito

Lope de Vega
Presidente
Campos Elíseos
Mariano
R. del Bosque
Kepler
ANZURES
Milton
Goethe
Darwin
Darwin
Circuito Interior

Sala de Arte Público Siqueiros
Schiller
Taine
Tres Picos
Rubén Darío
Calz. Mahatma Gandhi
Emmanuel Kant
Curie
Cantú
Poe
Shakespeare
Descartes
Plaza Melchor Ocampo
Escobedo

B

Monumento a Gandhi
Bosque de Chapultepec (primera sección)
Río Ganges
Río Mississippi
Río Duero
Río de La Plata
Río Elba
Río Lerma
Río Hudson
Río Atoyac
Museo Nacional de Antropología
Monumento a Tláloc
Museo Rufino Tamayo
al Zoo
Paseo de la Reforma
Paseo de la Reforma
Lago de Chapultepec
Toledo

C

Centro de Convivencia Infantil
Museo de Arte Moderno
Fuente Virreinal
Burdeos
Ham
Casa del Lago
Avenida Colegio Militar
Monumento a los Niños Héroes
Avenida Chap
Hemiciclo Juventino Rosas
Xicoténcatl
Castillo de Chapultepec
Fuente Belén
CHAPULTEPEC
Puebla
Guadalajara
Cda. de los Artistas
Museo Nacional de Historia
Tampico
Sinaloa
Acapulco
Veracru
Calzada de los Poetas
Audiorama del Bosque
Fuente la Templanza
Agustín Melgar
Museo del Holocaust
Fte. Quijote
Museo del Caracol (Galería de Historia)
Casa de la Cultura Quinta Colorada
Zamora
Pachuca
Mazatlán
Baños de Moctezuma
Gran Avenida
Juan de la Barrera
José Antonio Sola

D

Avenida Constituyentes
General Gómez Pedraza
Cano
Alumnos
Santos
Circuito Interior
Fernando Montes de Oca
CONDESA
Juan Escuti
General León
Zamora
Tula
Pachuca
Vicente Suárez
Ameca
Amatlán
Parral
Tenancingo
Tamaulipas
Gral. Zuaza
Gobernador G. Fagoaga
José Vasconcelos
Gral. Pedro A.
JUANACATLÁN
Juan Escutia
Cuautla
Cuernavaca
Yautepec
Jojutla
Aulrxco
Gobernador V. Gelati
Francisco
Dnal. Patriotismo
Avda.
Márquez Campeche
Michoacán
Vicente Suárez

1   **2**

EL AMBIENTE DE DÍA EN REFORMA Y CHAPULTEPEC

(Ver plano de las pág. 64-65)

Parque de Chapultepec

Es la zona más ambientada durante el día, un espacio natural donde se concentran gran cantidad de museos. Es también la sede del Zoológico y el pulmón de la ciudad, por lo que os encontraréis con mamás, niños, gente que acude a remar en alguno de los dos lagos. Los puestos de comida abundan lo mismo que los vendedores ambulantes, sobre todo los fines de semana en los que el parque se llena de gente.

Zona Rosa

La llamada Zona Rosa, al sur del amplio paseo de La Reforma, es el área de compras más importante de esta parte de la ciudad, con modernos centros comerciales y tiendas de todo tipo, más bien elegantes. También en la zona se ubican unos cuantos restaurantes muy recomendables.

Av. Michoacán

En torno a la Av. Michoacán, en la colonia Condesa, que data de los tiempos del Porfiriato, abundan los restaurantes que, al mediodía, suelen llenarse.

Coyoacán (f. p.)

Coyoacán es de los barrios más frecuentados por turistas y capitalinos. Su arquitectura colonial, sus museos, sus callejuelas y sobre todo la plaza, con los jardines del Centenario, le dan un aspecto de pueblo o ciudad provinciana. Abundan los cafés, restaurantes, heladerías, alguna que otra librería y sobre todo los puestos de artesanos. Los domingos acuden familias enteras y la plaza acaba saturándose. Los cercanos Viveros de Coyoacán son un pequeño pulmón al sur de la ciudad. En este parque, los días festivos por la mañana, se dan cita los amantes del deporte, del taichí y de otras disciplinas.

Fotos, armas, esculturas de los revolucionarios, etc. pueden contemplarse en los sótanos del monumento, sede del **Museo Nacional de la Revolución** *(abierto de martes a viernes de 9 h a 17 h, sábados y domingos de 9 h a 18 h. Entrada: 14 pesos).* La calle Arizpe, que parte de la plaza, lleva al **Museo Nacional San Carlos** *(abierto de miércoles a domingo de 10 h a 18 h. Entrada: 25 pesos; entrada por Puente Alvarado 50).* El edificio, construido por Manuel Tolsá, fue residencia de los condes de Regla y del general Santa Ana. Más tarde acogió la Tabacalera, y tuvo otros usos. En la actualidad muestra una rica colección de pinturas con obras de artistas universales como Tintoretto, Tiziano, Rivera, Zurbarán, Brugel, Goya, Rembrandt, etc. En la siguiente glorieta de Reforma se ha instalado el **monumento a Cuauhtémoc,** donde se ve al sucesor de Moctezuma, con la porte de un césar, en actitud de arrojar una lanza. Realizada en 1887 por Miguel Noreña, incluye el suplicio de este jefe, junto a dos jaguares emplumados, obra de otros autores.

Más adelante, tras pasar la Embajada Estadounidense, se encuentra el **Ángel de la Independencia,** uno de los símbolos de la ciudad. La figura, femenina y dorada, porta en la mano izquierda una cadena quebrada, símbolo de la libertad y en la derecha la corona de laurel. Se levanta sobre un columna de 36 m, adornada en la base con las figuras esculpidas en mármol de Carrara de los caudillos independentistas.

ÁNGEL DE LA INDEPENDENCIA.

Detrás del monumento, entre la Av. Insurgentes, la glorieta de Cuauhtémoc y la Av. de Chapultepec, se delimita la **Zona Rosa,** un barrio dedicado al ocio, la diversión, la vida nocturna y las compras. Como tal empezó su andadura durante la Decena Trágica para ser bautizada primero como Zona Dorada y después como Zona Lila. Su nombre actual data de la década de los sesenta y se debe al pintor José Luis Cuevas.

Detrás de la Zona Rosa está la **Colonia Roma** y a continuación la **Colonia Condesa.** Ambas se han convertido en agradables zonas de ocio y cuentan con multitud de restaurantes de moda y locales nocturnos.

Dos **parques,** el **de España** y el **de México,** donde es posible sentir –especialmente por las mañanas– esa especie de clima primaveral de que goza gran parte del año la ciudad, contribuyen a que en la zona se respire ese ambiente pequeño burgués propio de las colonias. La Colonia Condesa cuenta con dos parques y bastantes edificios de principios del siglo XX, llamados de "estilo francés".

En torno a la Av. Michoacán se han instalado restaurantes, librerías y locales de copas. Algunas de las calles exhiben copias de conocidas obras de arte como la calle Oaxaca, esquina Durango, donde se puede ver una reproducción de la madrileña **fuente de Cibeles,** o en Orizaba, esquina Durango, donde se erige una copia del *David* de Miguel Ángel.

Continuando por el paseo de la Reforma, el próximo monumento, después del Ángel de la Independencia, es la **Diana Cazadora,** obra de Juan Olaguibel. La estatua, de 1942, representa una amazona desnuda en el momento de lanzar una flecha. Su desnudez, motivo de escándalo y pro-

ESTATUA DE DIANA CAZADORA.

testas entre grupos de puritanos de la época, tuvo una respuesta desmesurada por parte del regidor de la ciudad que no dudó en aplicarle una tela de metal para cubrirla. El vestido le duró 25 años.

EL PARQUE DE CHAPULTEPEC Y LOS PRINCIPALES MUSEOS

El parque de Chapultepec es el gran pulmón que oxigena la ciudad. Antiguo bosque de ahuehuetes, fue el primer lugar donde los aztecas se asentaron a su llegada al valle de México (entre 1256-1276). Después de la fundación de México-Tenochtitlán se convirtió en lugar de descanso veraniego de la nobleza azteca (se cree que Nezahualcóyolt, el rey poeta, tuvo un palacio aquí). Al aire sano se sumaba la calidad del agua que más tarde mediante un acueducto abastecería a México-Tenochtitlán, dado que el lago donde se asentaba la capital azteca era salado.

A finales del siglo XVIII se convirtió en residencia de los virreyes, del emperador Maximiliano y después, de los presidentes de la República que tienen fijada, desde 1934, el domicilio oficial en el antiguo rancho de Los Pinos.

El paseo de la Reforma dibuja una curva cuando pasa por el monumento de Diana Cazadora, se estrecha y entra en el parque de Chapultepec. Las esculturas continúan en la calzada hasta pasado el Auditorio Nacional, dedicado a conciertos de todo tipo. Pero más importante que todos estos monumentos son los múltiples museos que se erigen a uno y otro lado.

El **Museo de Arte Moderno** *(abierto de 10 h a 18 h de martes a domingo. Entrada: 20 pesos)* ocupa un jardín con una muestra de escultura moderna y dos edificios luminosos. Además de muestras trimestrales de arte contemporáneo se exhiben pinturas de artistas como Frida Khalo, Orozco, Siqueiros, Rufino Tamayo, etc.

Una muestra importante de este último autor se expone en un espacio que lleva su nombre, el **Museo Tamayo** *(abierto de martes a domingo de 10 h a 18 h. Entrada: 10 pesos; www.museotamayo.org)*, situado enfrente del anterior.

El **Museo de Antropología e Historia** *(abierto de martes a domingo de 9 h a 19 h. Entrada: 48 pesos, domingo gratuito)* se halla un poco más arriba del Museo Tamayo y es reconocible por la gigantesca estatua del dios Tláloc, visible cuando se pasa al lado, por el paseo de la Reforma. En el parque, delante del museo, suelen actuar grupos de concheros y los voladores de Papantla representan la ceremonia del descenso.

Se trata de uno de los museos más importantes del mundo y el más significativo de los dedicados a las culturas mesoamericanas. Conocerlo en su totalidad puede llevar varios días. Sobre una superficie de 5 km², distribuidas en 23 salas, se muestran más de 10.000 piezas originales. La planta baja está dedicada a las culturas prehispánicas, mientras la primera recoge muestras etnográficas de los pueblos indígenas que viven en el México contemporáneo. La exposición está organizada en torno a un gran patio rectangular. El recorrido, en sentido contrario a las agujas del reloj, comienza con una sala dedicada a la Antropología, seguida de otra que analiza Mesoamérica. A continuación vienen la sala de los Orígenes, la del Preclásico, Teotihuacán, Toltecas, Mexicas (aztecas), Oaxaca, El Golfo de México, Los Mayas, El Norte y Occidente.

Dioses, pasajes mitológicos, cosmogonía… prácticamente todo el universo mesoamericano está

ENTRADA AL MUSEO DE ANTROPOLOGÍA.

representado en este museo. Se puede decir, aunque suene a pretencioso y arrogante, que no se conoce México si no se ha visitado este museo.

Entre las piezas más importantes que guarda está el vaso del Acróbata y las estatuillas de Tlatilco, en la *Sala del Preclásico;* la estatua de la diosa del agua Chalchiuhtlicue, un jaguar de alabastro y una colección de máscaras

DETALLE EN EL MUSEO DE ANTROPOLOGÍA E HISTORIA.

realizadas en basalto, jade y andesita utilizadas tal vez en ritos funerarios.

De la ciudad prehispánica de Xochicalco son las estelas y la cabeza de guacamaya que se exponen en la *Sala Tolteca,* donde también se exhibe un Chac Mool.

Además de la Piedra del Sol o calendario azteca, descubierta durante la remodelación del Zócalo en 1790 y la de la diosa de la tierra Coatlicue, también sacada a la luz por los mismos motivos, la *Sala de Mexica* ofrece una cabeza de Caballero Águila, la escultura de la serpiente de fuego Xiuhcóatl y la de Xochipilli, diosa de la poesía, la danza y las flores.

De la *Sala Oaxaca* hay que destacar la máscara del murciélago y el vaso de Zaachila. La famosa estatua del Luchador –de rasgos asiáticos–, atribuida a la cultura olmeca y la estatua del Adolescente de Tamuin, se exhiben en la *Sala del Golfo.* Lo más preciado de la *Sala Maya,* entre otras cosas, son las estatuillas de la isla de Jaina y las diferentes cabezas de estuco. Por último, varias máscaras, estatuillas y figuras de terracota es lo más señalado en la *Sala de Occidente,* dedicada a las diversas culturas asentadas en esa zona.

Además de estos museos, el parque cuenta con otros cuantos más, entre los que destacan el **Museo del Caracol,** llamado así por la forma del edificio, dedicado a la historia de México desde la Independencia hasta mediados del siglo XX, y el **Papalote-Museo del Niño,** un espacio dedicado al niño.

Otros espacios muy visitados por los capitalinos son el parque de diversiones **Feria de Chapultepec** y el **Zoológico,** con una amplia representación de especies autóctonas, entre las que destacan el mono araña y el ocelote. El parque también cuenta con varios conjuntos escultóricos. Cerca de la entrada se halla la **Fuente Virreinal** y en el camino al castillo el **altar de la Patria** o monumento a los Niños Héroes, dedicado a los niños de la escuela militar que se enfrentaron a las tropas francesas. Pero la joya arquitectónica del parque es el **castillo de Chapultepec** *(abierto de martes a domingo de 9 h a 17 h. Entrada: 48 pesos),* una fortaleza de aires neoclásicos que más que un bastión inexpugnable parece una residencia romántica. Y así fue, porque los virreyes, hartos del centro histórico, del tráfico de carruajes, de los malos olores, de inundaciones y de alguna que otra rebelión, decidieron en 1785 encargar su construcción al arquitecto Agustín Mascaró. Tras la Independencia se transformó en escuela militar en 1847. Maximiliano y Carlota mandaron construir el alcázar, para utilizarlo como residencia, y los jardines italianos que aún se conservan. Hasta 1934 esta dependencia también fue residencia de los presidentes del país. Hoy el castillo es la sede del **Museo Nacional de Historia.** Sus diversas salas muestran a través de pinturas, esculturas, cartas, mobiliario, vestimentas y exvotos la crónica de las diferentes etapas de la historia de México, desde la conquista hasta 1917. El muralismo también está presente: O'Gorman, Orozco y Siqueiros son los encargados de ilustrar a través de la pintura, momentos claves de la historia de México. En el alcázar se pueden ver las dependencias de Maximiliano y Carlota y una sala donde se enseñan varias carrozas.

Detrás del Museo de Antropología está la **Sala de Arte Público Siqueiros** *(abierto de martes a domingo de 10 h a 18 h. Entrada: 10 pesos; Tres Picos 29),* que ocupa la casa donde vivió el pintor. Exhibe obras, documentos y fotografías del artista.

El origen de la Colonia Polanco, el barrio al que pertenece la calle de este pequeño museo, se debe a la hacienda Los Morales, cuyos terrenos fueron parcelados en los años cuarenta y convertidos en zona residencial. Hoy, además de

SALA EN EL CASTILLO DE CHAPULTEPEC.

mansiones con jardín, la colonia acoge edificios de oficinas, hoteles de lujo y boutiques de moda.

DORMIR EN REFORMA-CHAPULTEPEC

MISIÓN EXPRESS ZONA ROSA**** (B4) 1

Nápoles 62. Telf. 55 33 05 35 al 39. De la prestigiosa cadena *Misión* y ubicado en la exclusiva Zona Rosa, es frecuentado por viajeros de negocios. Las habitaciones están equipadas con todos los lujos: televisión, minibar, aire acondicionado, secador, caja de seguridad, reloj despertador y cafetera. Además cuenta con restau-

rante, bar, aparcamiento, gimnasio, salón de eventos, lavandería, tintorería, tabaquería y conexión a internet. 970 pesos (con desayuno continental).

HOTEL VERMONT**** (f. p.)

Vermont 29. Col. Nápoles. Telf. 55 43 37 00. www.hotelvermont. com.mx. Muy cerca del World Trade Center. Suites amplias y nuevas, equipadas con televisión por cable, aire acondicionado y caja de seguridad. Habitación doble: a partir de 990 pesos.

STANZA HOTEL****

(C4) 2 *Álvaro Obregón 13, col Roma. Telf. 50 80 00 49/ 52 08 00 52, www.stanzahotel.com/.* Remodelado para estar en consonancia con el toque porfiriano de la colonia Roma, donde se encuentra enclavado. Habitacio-

EL AMBIENTE DE NOCHE EN REFORMA Y CHAPULTEPEC

(Ver plano de las pág. 72-73)

Zona Rosa

Es la más antigua de todas las zonas de ocio nocturno de la capital. Entre las vías Niza, Varsovia y Hamburgo proliferan los restaurantes, los locales de copas más animados y multitud de bares con música en directo. En la zona encontraréis todo tipo de público: jóvenes locales, turistas, etc. Aunque se trata de una zona más segura que el centro, tampoco se recomienda el paseo nocturno por estas calles.

Colonia Condesa

De unos años para acá, la colonia Condesa es el sitio de moda. El eje de la vida nocturna es la Av. Michoacán y aledaños. Además de bares de copas, abundan los restaurantes. El público es más bien gente ligada a profesiones liberales o relacionadas con ambientes bohemios.

Polanco

Otra de las áreas para tomar algo es Polanco. La mayoría de los locales a los que puede acudirse se concentra en los hoteles de lujo y en las calles Presidente Masaryk, Mariano Escobedo y Campos Elíseos. Sobre todo en estos lugares encontraréis gente acomodada y turistas de alto poder adquisitivo.

nes alfombradas provistas con televisión por cable y caja de seguridad. Habitación individual: 530 pesos y 580 pesos la doble.

HOTEL EL GRECO*** (f. p.)
Av. San Antonio 22, entre Av. Insurgentes y Pensylvania. Col. Nápoles. www.hotelelgreco.com.mx/. Telf. 11 07 17 90. A caballo entre los barrios de Coyoacán y Reforma y situado en la colonia Nápoles, cercano a la plaza de toros, en una zona comercial que cuenta con cines, restaurantes, etc. Sus 60 habitaciones son amplias, modernas, alfombradas y equipadas con televisión por cable y caja de seguridad. Estacionamiento propio y servicio de seguridad. Los espacios comunes son bastante amplios y la decoración pretende

hacer que el cliente se sienta cómodo. Habitación doble: 480 pesos.

HOTEL EMBASSY*** (C3) **3**
Puebla 115. Colonia Roma (cerca de la estación de metro Insurgentes). Telf. 52 08 08 59. Es un establecimiento bastante nuevo con habitaciones alfombradas, tipo funcional, limpias y agradables, equipadas con televisión. La habitación doble cuesta 280 pesos; con jacuzzi sale por 380 pesos.

HOTEL BONAMPAK*** (C4) **4**
Mérida 81, esq. Colima. Telf. 55 25 93 36. Es un hotel funcional, muy frecuentado durante los fines de semana. Habitaciones con televisión. Alrededor de 290 pesos.

HOTEL ROOSEVELT*** (D3) **5**
Insurgentes Sur 287. Hipódromo Condesa. Telf. 52 08 36 06. www.hotelroosevelt.com.mx. Goza de una buena situación, cercano a las colonias Condesa y Roma y a la Zona Rosa, y dispone de buenas habitaciones, equipadas con televisión por cable y radio. Las suites cuentan con jacuzzi y cajas de seguridad. Precio habitación doble: 480 pesos.

COMPRAS

El **Fondo Editorial del Inah,** Córdoba 47, col. Roma, tiene reproducciones de joyería y cerámica y publicaciones sobre cultura prehispánica.

Mercado Antíguo de la plaza del Ángel, Londres 161, col. Juárez, se concentran la mayor parte de los anticuarios de la ciudad.

El **Centro Comercial Plaza La Rosa,** Londres 127, col. Juárez, cuenta con restaurantes de cocina rápida, cines y más de 50 tiendas de ropa, joyería, etc.

Liverpool, Mariano Escobedo 425, col. Polanco, son unos grandes almacenes que venden de todo. El **Palacio de Hierro,** Durango 230, col. Roma, son parecidos pero bastante más caros.

El **Centro Comercial Santa Fe,** Vasco de Quiroga 3800, col. Santa Fe, es uno de los más grandes de todo América Latina y cuenta con casi 300 establecimientos comerciales y de ocio: restaurantes, tiendas, cines, etc.

Plaza Galerías Melchor Ocampo, Calzada Melchor Ocampo 193, Col. Verónica Anzures. Otra gran superficie sólo que ésta cuenta con un pasaje dedicado al esoterismo, y el paseo de las Luminarias, donde han dejado sus huellas artistas nacionales y extranjeros.

▶ COMER EN REFORMA-CHAPULTEPEC

BELLINI (f. p.)

Av. de las Naciones 1, piso 45, dentro del Word Trade Center. Col. Nápoles. Telf. 56 28 83 04. Se encuentra en la última planta del edificio y es giratorio. Las vistas nocturnas de la ciudad de México son espectaculares. Entre las especialidades sobresalen los calamares y los espaguetis al *cartoccio*. Precio medio: alrededor de 300 pesos.

EL LAGO (C1) ❶

Lago Mayor, 2ª sección. Bosque de Chapultepec. Col. San Miguel. Telf. 55 15 95 85. Cocina mexicana e internacional. El ambiente suele ser bastante formal, con acompañamiento de música de piano y vistas al lago de Chapultepec y a la fuente del lago. Entre sus especialidades destacan el lomo de cerdo relleno de chorizo en salsa de chile ancho y el bacalao Reforma. A partir de 500 pesos.

LA HACIENDA DE LOS MORALES (f. p.)

Vázquez de Mella 525. Col. Del Bosque, Polanco. Telf. 52 81 45 54. Una vieja hacienda con jardines y uno de los restaurantes más prestigiosos de la zona. Su especialidad es la cocina internacional y mexicana. Entre los platos con mayor éxito se encuentran los camarones gigantes al Ixtoc con huitlacoche y el pato a la zarzamora. A partir de 200 pesos.

MANSIÓN ZONA ROSA (B4) ❷

Hamburgo 77, Juárez; esquina con Niza. Zona Rosa. Telf. 55 14 32 47/ 34 25. Este restaurante ubicado en la Zona Rosa, tiene sucursales en Polanco y otros lugares. Está especializado en cocina argentina y carnes. En la carta se pueden encontrar empanadas, queso fundido y lomo al limón y al jerez. Sirven el corte de carne a la mesa en una pequeña parrilla. Precio medio: alrededor de 300 pesos.

FONDA EL REFUGIO (B3) ❸

Liverpool 166, Juárez; entre Amberes y Florencia. Telf. 52 07 27 32. www.fondaelrefugio.com.mx. Ubicado en la Zona Rosa, su especialidad es la cocina mexicana. En julio, agosto y septiembre, sirven los famosos chiles en nogada. Recomendado el mole verde de pepita y los romeritos con tortas de camarón. Alrededor de 300 pesos.

FONDA GARUFA (D2) ❹

Av. Michoacán 93, col. Hipódromo Condesa. Telf. 52 86 82 95. www.garufa.com. Cocina argentina, con raciones generosas que pueden dar para dos personas. También prepara algunos cortes de carne tipo mexicano, como la arrachera. Conseguir mesa suele ser difícil. A partir de 250 pesos.

CREPERIE DE LA PAIX (D2) ❺

Av. Michoacán 103. Col. Condesa. Telf. 52 86 00 49. Todo tipo de *crepes*, algunas con ingredientes mexicanos como el hongo del maíz. Tiene terraza en la acera. Precio medio: alrededor de 100 pesos.

POTZOLLCALLI (LA CASA DEL POZOLE) (f. p.)

Av. Cuahtémoc 249. Col. Roma Sur. Telf. 55 84 09 27. Pertenece

LA NOCHE

El lugar de conciertos es el AUDI-TORIO NACIONAL, paseo de la Reforma y Campo de Marte 50, telf. 52 80 92 50.

FIXION, Mérida 56, col. Polanco Miguel Hidalgo, telf. 55 31 41 12, es un restaurante-bar con música de rock alternativo. Abre viernes y sábados de 22.30 h a 3.30 h. Precio: 50 pesos.

EURO, Presidente Masaryk 134 (al lado de Mariano Escobedo), telf. 55 31 41 12. Aunque se trata de un restaurante, una parte funciona como bar, conocido por el CHIRINGUITO, donde escuchar música rock de los ochenta y tomar una copa. Abre de 20 h a 2 h. Decoración minimalista.

GÓTICO, Puebla 186, col. Roma, telf. 55 25 44 00/ 01. A partir de la medianoche acuden los jóvenes. A veces el aforo, de 800 personas, se queda corto. El local consta de tres niveles. Abre de jueves a domingo.

RIOMA, Insurgentes Sur 377 (al lado de Michoacán y Campeche), col. Condesa, telf. 55 84 06 13. Música electrónica.

EL HOTEL, Av. Insurgentes Sur 2.383 entre Palmas y Río Magdalena. Clásica discoteca.

BULLDOG CAFÉ, Rubens 6 esq. Revolución. Se la conoce como la casa del rock donde se impulsa grupos nacionales.

BLACK OUT, Insurgentes Sur 1544, entre Febo y Ceres. Con un ambiente neoyorkino se caracteriza por un cierto estilo y clase para público entre 25-40 años.

MAMÁ RUMBA, Querétaro 230, esq. Medellín, col. Roma. Lugar famoso por su música latina y así como por sus mojitos.

PEDRO INFANTE NO HA MUERTO! Insurgentes Sur 2.351, San Ángel, telf. 56 16 45 85. El *Peter* es un animadísimo karaoke donde seguro que aparecerán en el escenario dobles de Shakira.

T-LOUNGE, Localizado en Condesa es reconocible por su enorme copa en la entrada. Restaurante y un *bar lounge*.

PASAGÜERO. Motolinia 33, col. Centro Cuauhtemoc. Lugar variopinto donde se dan cita entre otros el rock y el jazz. Es un lugar frecuentado por los artistas.

HINDOO. Como su nombre indica es un *lounge* con estilo hindú ubicado en Lomas de Santa Fe. Para los amantes del pop y la música electrónica.

FEDERICA, Atlisco 91 esq. Michoacán Cuauhtemoc. Congrega a gente guapa amantes de filteo y la charla.

EL COLMILLO, Versalles 42, col. Juárez Cuauhtemoc. Donde los pinchadiscos ponen lo mejor de la música electrónica.

El ambiente gay está centrado en la Zona Rosa e Insurgentes así como la zona de la Condesa y Coyoacán.

Hay una guía de servicios dedicada a este colectivo: *Quiere*. Entre las discotecas destacan: GARIBALDI 14, EL ANTRO DISCOTHEQUE, ANYWAY SKYDOME o el divertido local LA VICTORIA.

LA VIRGEN MORENA

La religiosidad en México está muy arraigada y siempre fue así ya que los antiguos sistemas políticos eran teocráticos. Hoy, la profunda veneración que los mexicanos sienten hacia la Virgen de Guadalupe, la "Virgen Morena", patrona de México, desborda todo tipo de valoraciones y comentarios. Su imagen indígena aparece instalada en rincones, altares, camiones, autobuses, casetas de feria, cajas de limpiabotas, bares, etc.

Su imagen ha sido estandarte de muchas ideologías. En más de una ocasión se ha utilizado como bandera de luchas y revindicaciones indígenas. El cura Hidalgo, caudillo de la Independencia, después de levantarse en armas, tomó un estandarte del santuario de Atotonilco (Guanajuato) con la imagen grabada de la Virgen y la llevó como bandera. Es tal la devoción que levanta, que incluso los anticlericales la respetan.

La tradición arranca poco después de la conquista, cuando en la zona donde los aztecas rendían culto a la diosa madre Tonantzin, el cerro de Tepeyec, la Virgen se apareció al indígena San Juan Diego el 9 de diciembre de 1531 y le pidió que se le construyera una capilla en ese sitio. La llamada "capilla del Cerrito" se erigió así en 1740.

En el templo actual, el altar se levanta en el mismo lugar donde Juan Diego cortó unas rosas que habían surgido tras la segunda aparición de la Virgen. El indígena las presentó al obispo Zumárraga envueltas en su "tilma" (capa de fibra) y aquél al desliarlas lo que encontró fue la imagen de la Virgen impresa en la tela. De ahí que siempre se represente pintada.

a una cadena de cafeterías cuya especialidad es el *pozole* (una especie de potaje) preparado de diversas maneras y en la que el principal ingrediente es el maíz. Las raciones son generosas y van acompañadas de lechuga, cebolla, etc. Sirven tacos y otro tipo de comida rápida. A partir de 60 pesos.

LA BUENA TIERRA (f. p.)
Atlixco 94, esq. con Michoacán, col. Condesa. Telf. 55 52 11 42 42. Tiene un ambiente muy exótico. Es un local muy de moda

especializado en platos vegetarianos. Ofrece una gran variedad de sándwiches, ensaladas y más de 20 clases de zumos de frutas naturales. Cuenta también con una agradable terraza. Precio: 100 pesos

TAQUERÍA EL GRECO (D2) ❻
Esquina de Michoacán 54 y nuevo León, col.Condesa. Telf. 55 53 57 42. Es un local pequeño, de comida rápida, donde los tacos al pastor y las tortas de milanesa son una delicia. Alrededor de 80 pesos.

▶ EL NORTE: EL SANTUARIO DE GUADALUPE

Para llegar en metro hay que bajarse en las estaciones Basílica o La Villa. A lo largo del paseo de la Reforma circulan *peseros* que indican "La Villa".

La **Nueva Basílica de Guadalupe** es un imponente edificio de hormigón, hierro y madera, con siete puertas frontales (como la Jerusalén celestial) y planta circular. Desde que fuera inaugurado en 1976, mucha gente acostumbra acceder a su interior de rodillas. El templo actual sustituyó a otro vecino, la **Antigua Basílica de Guadalupe,** de finales del siglo XVII y principios del siglo XVIII, con cúpula y altar plateresco.

Cada 12 de diciembre una multitud procedente de diferentes lugares del país y de Estados Unidos (algunos de ellos vienen a pie para cumplir una promesa) acuden a la plaza de las Américas para cantarle las mañanitas a "la guadalupana".

Adosado a la antigua basílica se encuentra el **Museo de la Basílica de Guadalupe** *(abierto de martes a domingo de 10 h a 18 h. Entrada: 5 pesos),* con exvotos, ofrendas de toreros y pinturas de maestros como Cabrera, Villalpando y Cordero.

La **capilla del Pocito,** del siglo XVI, es la construcción de mayor valor artístico. Su fachada, revestida de tezontle y azulejos azules, esconde un rico interior formado con cuatro capillas consagradas a las apariciones de la Virgen. Sobre ellas se eleva una cúpula.

Cerca de la plaza de las Tres Culturas sale la **calzada de los Misterios,** un antiguo camino donde en el siglo XVII se construyeron quince monumentos destinados a guiar a los peregrinos que rezaban el rosario. Hoy quedan ocho.

▶ EL SUR DE LA CIUDAD

La Av. Insurgentes (alrededor de 50 km, con sus prolongaciones) atraviesa de norte a sur la ciudad y corta el paseo de la Reforma a la altura de la glorieta de Cuauhtémoc. En el tramo sur se convierte en un lugar más comercial, con dos reliquias del muralismo, el teatro de los Insurgentes y el Poliforum Cultural Siqueiros. La calzada también permite el acceso al barrio de San Ángel que junto a su vecino Coyoacán conservan plazas y antiguas haciendas de profundo sabor colonial y rural. Ambos respiran ese ambiente bohemio que han dejado y siguen dejando los artistas residentes. Un poco más adelante está la Universidad, convertida por los muralistas en un espacio pictórico al aire libre.

En la periferia, Xochimilco queda como sinónimo y vestigio de aquella ciudad de canales y maizales que fue México-Tenochtitlán.

El **teatro de los Insurgentes,** situado en Insurgente Sur 1587, col. San José Insurgente, Diego Rivera decoró la fachada de este teatro con un mosaico pleno de colorido con un tema social. Una máscara teatral sirve para descubrir una escena en la que Cantinflas, protagonista, recoge el dinero de los burgueses que le flanquean y lo entrega al pueblo hambriento. A un lado de los poderosos aparecen Maximiliano y Carlota, y al lado de los desfavorecidos, escenas de lucha y sufrimiento.

Cerca se encuentra el **Museo de El Carmen** *(abierto de martes a domingo de 10 h a 17 h. Entrada: 25 pesos; Av. Revolución 4 y 6, junto a la Av. de la Paz)*, que data del siglo XVII y conserva pinturas de Cristóbal de Villalpando y Juan de Correa, además de una colección de cuerpos momificados, enterrados en el lugar, que hacen que el ambiente se vuelva de repente más lúgubre.

Al norte de San Ángel, en la Av. Revolución 1608, se encuentra otro museo donde se exponen obras de los tres principales muralistas además de obras de Picasso, Kandinsky, Rodin, Klee, etc. Un poco más alejado, al oeste, la antigua **Hacienda Goicoechea** (Diego Rivera 50), del siglo XVII –hoy sede del restaurante *San Ángel Inn* y antaño casa del marqués de Selva Nevada y del conde de Pinillos y lugar de hospedaje del poeta José Zorrilla–, conserva la capilla, jardines y patios.

Justo enfrente se halla la **Casa Estudio de Diego Rivera** *(abierta de martes a domingo de 10 h a 18 h. Entrada: 10 pesos)*. Transformada en museo, exhibe pinturas, objetos personales, artesanías y recuerdos del autor, que murió aquí en 1957. El edificio, diseñado por O'Gorman, consta de dos módulos, unidos por un puente. Uno de ellos fue ocupado por Frida Khalo, su mujer, entre 1934 y 1940.

COYOACÁN

Se llega desde los metros Miguel Ángel de Quevedo y Viveros de Coyoacán. Desde allí se puede coger un *pesero* que se dirija a la plaza de Hidalgo o a los lugares cercanos. Desde diversos rincones de la ciudad también parten *peseros* a Coyoacán.

Su nombre significa lugar de coyotes y fue el lugar donde Cortés, con su amante doña Marina (la Malinche) y algunos de sus capitanes, se estableció tras la caída de la capital azteca. Sus calles estrechas, plazoletas, capillas y grandes mansiones realzan su aspecto colonial. Librerías, cafés, galerías de arte, tiendas de artesanía, etc. contribuyen a que el ambiente sea un tanto bohemio y suponga una buena alternativa al ajetreo del centro histórico. La mayor parte de estos locales se concentran en la **plaza de Hidalgo,** corazón del barrio que aparece abarrotada los fines de semana de puestos de artesanía, grupos folclóricos, artistas callejeros, músicos, etc. El recinto está presidido en un extremo por la **iglesia de San Juan Bautista,** del siglo XVI, que alarga su atrio hasta los jardines del Centenario, decorados con una fuente cuyo tema único es una pareja de coyotes. Las casas que rodean los jardines han sido literalmente tomadas por restaurantes, cafés y la librería *El Parnaso,* un lugar donde además de ojear libros y comprar discos dispone de un pequeño café para contemplar el ambiente de la plaza.

El mal llamado **palacio de Cortés,** un edificio del siglo XVIII –ocupado en la actualidad por la delegación de Coyoacán–, conforma con su fachada de tono ocre el otro lateral de la plaza.

El conquistador y su amante indígena parece ser que residieron en la hoy llamada **plaza de la Conchita,** en un edificio cuyo solar lo ocupa actualmente la Casa Colorada, del siglo XVII, y que en recuerdo de doña Marina es conocida popularmente por la Casa de la Malinche *(no se puede visitar).* De profundo sabor colonial la plaza, situada junto a los jardines de Frida Khalo, es un apertura del espacio de la calle Higuera. Toma el nombre de una de las construcciones levantadas en su perímetro, la capilla de la Concepción, de estilo barroco popular. Enfrente de los jardines se sitúa la **casa de los Camilos** del siglo XVII.

Otros ejemplos arquitectónicos religiosos y civiles de la misma época los luce la calle Fernando de Sosa, próxima a los **Viveros de Coyoacán,** una especie de parque donde muchos capitalinos, además de comprar flores y plantas, acuden los domingos por la mañana para practicar *footing, tai-chi,* etc., y para huir del ambiente bullanguero que se vive en los jardines del Centenario y aledaños: especialmente el **mercado de Coyoacán,** muy conocido por sus puestos de artesanía y de comida donde acuden familias enteras a degustar "antojitos", pescados y cócteles de camarones.

Detrás del mercado, en una zona trazada en cuadrícula ocupada por casas ajardinadas, se halla el

Museo de Frida Khalo *(abierto de martes a domingo de 10 h a 17.45 h. Entrada: 45 pesos; Londres 247, esq. Allende).* Conocida por la Casa Azul, debido al color de las paredes, es uno de los museos más interesantes de la ciudad. Fue el lugar natal de Frida, domicilio durante gran parte de su vida –lo llegó a compartir con su esposo Rivera–, alojamiento de numerosos invitados, entre otros León Trotsky, y el lugar donde –en una urna– descansan sus cenizas. El jardín, adornado con esculturas y objetos prehispánicos, es una pequeña antesala al descubierto. Las estancias de la casa, decoradas con los objetos

PLAZA DE COYOACÁN.

personales de la pintora, especialmente el estudio y el dormitorio, muestran una gran colección de sus pinturas, además de objetos de arte popular y la ropa de tehuana que le gustaba vestir. El museo también muestra pinturas de otros autores como Klee, J. M. Velasco y litografías de Orozco. Muy cerca, en la calle Churubusco 410, se ubica el **Museo Casa**

León Trotsky (*abierto de martes a domingo de 10 h a 17 h. Entrada: 30 pesos*). En esta casa vivió gran parte de su exilio mexicano el intelectual e ideólogo Liev Davídovich Bronstein, nacido en Ucrania, más conocido por Trotsky. El dormitorio, la cocina, el despacho, la biblioteca… todo se conserva tal como lo dejó en el momento de ser asesinado por el agente estalinista, de origen catalán, Ramón Mercader. Sus restos reposan en el jardín. El edificio está ocupado por el Instituto del Derecho al Asilo y las Libertades Públicas.

Al **Museo Diego Rivera Anahuacalli** (*abierto de martes a domingo de 10 h a 18 h. Entrada: 45 pesos; Museo 150, col. San Pedro Tepetlapa*) se puede llegar desde Coyoacán con los transportes que recorren la Av. División del Norte en dirección sur.

El propio Diego Rivera concibió este edificio construido en 1944 con piedra volcánica y forma de pirámide para que fuese su casa, estudio y tumba. Alberga su colección de arte prehispánico, con más de 2.000 piezas, y en la parte alta, el estudio con diferentes obras realizadas a lo largo de su vida y el cuadro en el que trabajaba cuando murió.

Edificada sobre un terreno cubierto en gran parte por la lava del volcán Xitle, la **UNAM** (Universidad Nacional Autónoma de México; metro Miguel Ángel de Quevedo) dispone de jardines botánicos, canchas deportivas y una centena de edificios. Siqueiros decoró el rectorado, pero el mayor atractivo se halla en el que O'Gorman cubrió la **Biblioteca Central,** con forma de paralelepípedo, que diseñó él mismo. El tema elegido es la historia de México y está realizado con piedras multicolores traídas de diferentes partes del país. Dentro del recinto universitario se encuentra el Espacio Escultórico y fuera, al otro lado de la Av. Insurgentes Sur, se levanta el Esta-

COMPRAS

La **librería Gandhi,** en Miguel Ángel de Quevedo 134, junto al metro Miguel Ángel de Quevedo, tiene fama de ser la mejor librería de México, y un buen lugar para comprar guías, mapas, revistas especializadas, etc. Ocupa dos edificios, cada uno con una cafetería en la primera planta.

El **mercado de Coyoacán,** entre las calles Allende, Malintzin, Xicoténcat, dispone de objetos trabajados en madera, piedra volcánica, papel de amate, etc. Los fines de semana acuden familias enteras a degustar pescado empanado y cóctel de camarones.

El **Bazar del Sábado,** en Plaza de San Jacinto 11, col. San Ángel, es un mercadillo muy concurrido que sólo funciona este día de la semana. Fundamentalmente se venden artesanías, pero también otros productos.

dio Universitario, construido con motivo de los Juegos Olímpicos de 1968. Su fachada está decorada con un mosaico sobre un tema de Diego Rivera, titulado *La Universidad, la familia mexicana, la paz y la juventud deportista*. Siguiendo la Av. Insurgentes Sur, mediante transporte público, y al lado del Periférico Sur, se erige **Cuicuilco** *(abierto de 9 h a 16.45 h. Entrada gratuita)*, un vestigio arqueológico construido hacia el año 500 a.C. Las erupciones del volcán Xitle no alcanzaron la pirámide circular de 138 m de altura y construida con barro y piedras.

XOCHIMILCO

"El lugar de las flores", en lengua náhuatl, es un barrio periférico, bastante alejado del centro y declarado patrimonio de la Unesco, donde se acude para pasear en *trajinera* (barcas) por los canales que quedan en pie de la época azteca. A veces en los recorridos, acompaña algún músico tocando el arpa o la marimba y el itinerario se vuelve excesivamente romántico. Pero en otras ocasiones toca un mariachi y el paseo más bien se convierte en una despedida de solteros. En primavera se celebra un concurso de belleza indígena llamado *La flor más bella del egido*. Entre los atractivos del barrio están las milpas, donde se cultivan flores, y el mercado de Nativitas, famoso por los puestos de comida que venden "antojitos" mexicanos.

Un tema curioso y preservado en Xochimilco, donde las aguas del lago eran dulces, es el antiguo método de cultivo a base de *chinampas* o islas artificiales, visibles durante el paseo en barca. En la plaza o zócalo se alza la **iglesia de San Bernardino,** de finales del siglo XVI. El templo con portada plateresca conserva un retablo y un fresco de la misma época. Antes de llegar a Xochimilco se puede visitar el **Museo Dolores Olmedo** *(abierto de martes a domingo de 10 h a 18 h. Entrada: 40 pesos; Av. México 5843, col La Noria).* La finca, una antigua hacienda del siglo XVI llamada *La Gloria,* fue domicilio de Dolores Olmedo, musa y amiga de Diego Rivera. Tiene un gran jardín adornado con esculturas donde andan sueltos los pavos reales. La exposición cuenta con la mejor colección de Diego Rivera (135 obras), Frida Khalo y Angelina Belffo.

▌ DORMIR EN EL SUR

No es una zona de alojamiento turístico, por a la gran distancia que lo separa del centro histórico. Los hoteles son más bien escasos y se sitúan principalmente en la exclusiva y residencial zona del Pedregal, una de las más caras de la ciudad. Si no queda otro remedio, en la zona de la Universidad, mal ubicada y también cara, se encuentran varios establecimientos frecuentados por estudiantes y profesores. Un par de ellos:

HOTEL VÍA VÉNETO****

*Calz. de Tlalpan 1561.
Telf. 56 04 89 44.*

LA SEMANA SANTA DE IZTAPALAPA

Este barrio está ligado a la ceremonia del Fuego Nuevo, celebrada por los aztecas. No es precisamente el barrio más recomendable de la ciudad, por la inseguridad ciudadana, sin embargo en determinadas épocas del año, como Semana Santa, se vuelve seguro. Más de 150 actores elegidos entre los habitantes y gran cantidad de vecinos se encargan de representar la *Pasión de Cristo*. Una fiesta a la que asistió en una ocasión Emiliano Zapata, y que ante la crisis de medios provocada por la Revolución prestó caballos de su ejército y donó dinero para los trajes. Durante la época azteca existían los festejos primaverales del Perdón de los Pecados. Cada cuatro años sacrificaban un joven al dios Tezcatlipoca, mientras los asistentes golpeaban sus espaldas desnudas con las espinosas y fibrosas hojas del maguey. En la asignación de los papeles deben cumplirse varios requisitos. Para encarnar a Jesús, se elige un joven bien parecido, sin novia y de conducta ejemplar. Debe entrenar para poder soportar la flagelación, la corona de espinas, las caídas y el peso de la cruz (90 kg) durante los 4 km de camino al Calvario. María debe ser la virgen, y los apóstoles y las santas mujeres llevar una vida decente e intachable. Para los personajes de Caifás, Anás y Pilatos no suele haber voluntarios.

Viernes Santo es el día principal y último de la representación, al que acuden religiosamente más de un millón de asistentes. La crucifixión se lleva a cabo en el cerro de la Estrella, donde según la leyenda la pareja azteca Coxcoxtli y Xochiqueztal posaron su arca tras el diluvio. En su cumbre, según la tradición, se conservaba el fuego sagrado con el que se renovaba el de los hogares tras los días vacíos del final del calendario.

Según dice el antropólogo Tomás Doreste las palabras que Cristo pronunció en la Cruz –*Elí, Elí, ¿lama sabactani?*– y que el actor repite, significan en lengua maya "Al llegar el alba me inclinaré ante su presencia".

En el **Museo del Cerro de la Estrella** *(abierto de 9 h a 15 h de lunes a domingo)* se exhiben piezas relacionadas con la ceremonia del Fuego Nuevo.

www.hotelviaveneto.-com.mx. Utilizado por hombres de negocios, cuenta con restaurante, bar, internet y transporte al aeropuerto. Sus 64 habitaciones y 16 suites tienen aire acondicionado, televisión, secador de pelo, etc. Precio: 980 pesos.

CENOTE AZUL

Av. Copilco 300, edificio 16-303. Telf. 56 58 51 19. www.elcenoteazul.com. Situado muy cerca del metro Copilco. Habitación doble: 625 pesos. Descuentos para estancias mensuales.

▶ COMER EN EL SUR

SAN ÁNGEL INN

Diego Rivera 50 y Altavista, col. San Ángel. Telf. 56 16 14 02/ 22 22. www.sanangelinn.com. Merece la pena hacer un esfuerzo y comer en esta antigua hacienda del siglo XVII, lugar de encuentros históricos entre Villa y Zapata, etc.. Cada una de las dependencias es un pequeño museo. 450 pesos.

CANTINA LA GUADALUPANA

Higuera 2. Telf. 55 54 62 53. Fundada en 1932, en una de las calles más antiguas de Coyoacán, situado muy cerca de la plaza, goza de gran prestigio y tradición. Conserva el ambiente de las viejas cantinas. Ofrece comida mexicana y una amplia variedad de bebidas y botanas. Precio: 250 pesos.

LOS DANZANTES

Plaza Jardín Centenario 12, col. Villa Coyoacán. Telf. 56 58 60 54. www.losdanzantes.com. Sirve comida creativa y de autor. Destaca su decorado, con obras del reconocido artista Joel Redón. Entre sus especialidades está la *Fondue de Cuitlahoche* y el atún en costra de pistacho. A partir de 200 pesos.

LA CASA DE LOS TACOS

Ortega 23, col. del Carmen Coyoacán. Telf. 55 54 80 39. Decoración muy mexicana, con colores chillones, y la cocina a la vista del público. A partir de 90 pesos.

CAFÉS PARA TOMAR ALGO

Tepoznieves. Carrillo Puerto 38, esq. Presidente Carranza. Probablemente sea una de las mejores heladerías de México. Entre la gran variedad destacan el "arrullo de luna", el "beso de ángel", etc.

Librería El Parnaso/ Cafetería Frida. Carrillo Puerto 2, telf. 56 58 31 95. Un lugar para ojear libros, y desayunar tranquilamente mientras se contemplan los jardines de Hidalgo. Sirve "antojitos" y desayunos. A partir de 30 pesos.

Café La Selva. Jardines del Centenario 4, local 3, telf. 55 54 76 52. Este sencillo e informal establecimiento, con vistas a la plaza de Coyoacán, ofrece 36 variedades de café, galletas y pasteles. Es muy recomendable para desayunar o simplemente merendar. Alrededor de 60 pesos.

ALREDEDORES

Teotihuacán 89

Puebla 94

Taxco 110

Tula y Tepotzoltlán 113

Cuernavaca 116

Los conventos de la
    falda del Popocatépetl 120

Ruta por el estado de Hidalgo 124

Ruta por el estado de México 129

Parque Nacional
    Popocatépetl-Iztaccítuatl 132

EXCURSIONES DESDE MÉXICO D.F.

Una visita a la ciudad de México no debe pasar por alto los alrededores. En un radio de algo más de 100 km se encuentran recintos arqueológicos de suma importancia, ciudades de exquisita belleza colonial, pueblos con encanto minero y conventos donde la huella indígena ha enriquecido al arte renacentista y barroco. Además del atractivo que presentan, cada uno son páginas vivas del libro que relata la apasionada historia de México. La visita a la mayor parte de ellos se puede plantear como una excursión de un día desde el D.F. en transporte público, si bien un coche de alquiler facilita aún más el desplazamiento y el tiempo disponible.

En cuanto al orden y los criterios de selección de los distintos lugares se ha tenido en cuenta la importancia histórica y artística de cada lugar y el ahorro de tiempo. Una manera de ayudar a elegir lo prioritario según los días de estancia de que se disponga. En primer lugar se puede visitar Teotihuacán, la ciudad más importante de la época prehispánica, incluida en las listas de la Unesco. Otra excursión fun-

damental es Puebla, también tutelada por el mismo organismo internacional y que esconde un exquisito patrimonio barroco. En tercer lugar se describe Taxco, un pueblo minero de aspecto andaluz, capital de la plata y nombrado Patrimonio Nacional.

A continuación se descubre Tula, antigua capital tolteca, junto a Tepotzotlán, que además de una magnífica iglesia y monasterio acoge el Museo Nacional del Virreinato. También resulta interesante visitar el estado de Morelos. Sus principales reclamos son su capital Cuernavaca y la cercana ciudad prehispánica de Xochicalco, patrimonio de la Unesco, y los antiguos conventos de la falda del volcán Popocatépetl.

Algunos rincones del estado de Hidalgo ofrecen hermosos parajes y antiguas haciendas relacionadas con la minería. El estado de México esconde un patrimonio interesante. El recinto arqueológico de Malinalco es único en México con un templo excavado en la roca. Se sugiere visitarlo junto al santuario de Chalma, un enclave religioso importante en la actualidad y en la época prehispánica. Y para los amantes de la montaña, se ha incluido una excursión a los volcanes Popocatépetl e Iztaccíhuatl, integrados en el parque nacional que lleva su nombre.

TEOTIHUACÁN

ESTADO DE MÉXICO

Es el sitio arqueológico más visitado del país, la ciudad prehispánica más importante del altiplano y una de las más espectaculares de Mesoamérica. Los aztecas la llamaron Teotihuacán que significa "el lugar de los dioses" o "donde los hombres se convierten en dioses".

INFO Y TRANSPORTES

Se trata de una de las excursiones clásicas a realizar desde el D.F. programada por agencias de viajes y hoteles. Se encuentra a 50 km de la ciudad y a una hora de camino, hacia el noreste, en el estado de México, por la autovía que va a Tulancingo. Los autobuses parten de la Central Camionera del Norte.

Precio de la entrada: 45 pesos. La visita, debido a las enormes dimensiones del recinto, puede llevar cuatro horas.

■ VISITA

UN POCO DE HISTORIA

Desde los inicios fue un centro ceremonial que recibía multitud de peregrinos de los alrededores, pero también fue uno de los principales focos económicos mesoamericanos, relacionado con el comercio de la obsidiana. En el campo de las artes sobresalió por el espectacular desarrollo de la pintura mural y de las artesanías. Sus edificios destacan por el uso de la combinación tablero-talud, una innovación arquitectónica acuñada en la ciudad, que se exportó a gran parte de Mesoamérica.

El origen de la ciudad está fechado en el siglo I a.C. Cerca del siglo VI vive su máximo periodo de esplendor, alcanzando los 20 km² de extensión y una población entre 120.000 y 200.000 habitantes. En el año 750 comenzó su declive, provocada por una invasión de tribus chichimecas. Vencedores y vencidos convivieron a lo largo de

dos siglos, pero Teotihuacán, que fue el centro político, religioso, económico y cultural de gran parte del área, no volvería a recuperarse jamás. Sus talleres artesanales y sus escuelas de pintura quedaron en el olvido hasta que siglos después fueran desenterradas por los arqueólogos.

Lo que más llama la atención son las enormes proporciones del recinto, atravesado de norte a sur por la **calzada de los Muertos,** una ancha y enorme vía de 4 km que sirve de eje central y en torno a la cual se levantan más de 80 plataformas y edificios de carácter palaciego y religioso.

En el lado sur destaca por su tamaño e importancia la **Ciudadela,** uno de los conjuntos ceremoniales más importantes de la ciudad. Relacionada también con labores gubernamentales, el inmenso recinto de forma cuadrangular –mide 400 m de lado– acoge varias plataformas coronadas por un grupo de 15 templos. El más antiguo de todos es el **templo de Quetzalcóatl,** considerado entre los más bellos del México prehispánico. El muro frontal está decorado con grandes cabezas de

que sobresale el grupo de los **edificios superpuestos** y la **pirámide del Sol,** una estructura de cinco cuerpos escalonados orientada hacia el poniente y edificada sobre una cueva natural de carácter sagrado. Por su tamaño e importancia es la construcción más importante de Teotihuacán. La gran mole de base cuadrangular de 225 m de lado se levanta sobre una plataforma de 350 m de lado, precedida por la plaza del Sol, ocupada en parte por restos de edificios habitacionales, entre los que

TEMPLO DE QUETZALCÓATL.

serpientes, y los taludes, con serpientes ondulantes con el cuerpo cubierto de plumas y motivos marinos como conchas y caracoles. Los tableros exhiben dos tipos de figuras alternadas sobre un fondo serpentino. Una es la figura de Tláloc, dios de la lluvia, y la otra una cabeza de serpiente rodeada por una flor de once pétalos.

Hacia el centro de la calzada aparece el **grupo vikingo,** el complejo de los Muertos, con múltiples grupos de edificios, entre los

destaca la **casa de los Sacerdotes.** Una escalera central permite alcanzar la cima que se encuentra a 63 m de la base, pero que en otro tiempo, sumado el templo que la coronaba, pudo superar los 75 m de altura. Desde lo alto se contempla toda la ciudad y el entorno. En las fechas del equinoccio una multitud de personas vestidas de blanco y con alguna prenda de color rojo reciben desde la cumbre la salida del sol con palmas al frente.

RUINAS DE TEOTIHUACÁN

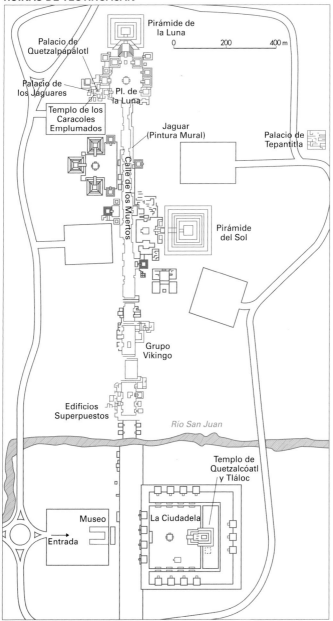

Pirámide de la Luna

Palacio de Quetzalpápálotl

0   200   400 m

Palacio de los Jaguares

Pl. de la Luna

Templo de los Caracoles Emplumados

Jaguar (Pintura Mural)

Palacio de Tepantitla

Calle de los Muertos

Pirámide del Sol

Grupo Vikingo

Edificios Superpuestos

Río San Juan

Templo de Quetzalcóatl y Tláloc

Museo

La Ciudadela

Entrada

LA CREACIÓN DEL MUNDO

Según las antiguas creencias de los pueblos nahuas, el mundo se crea y acaba con una catástrofe. A esos periodos de existencia les llamaban soles. Con el diluvio acabó el cuarto sol y los dioses, reunidos en Teotihuacán, decidieron volver a crear el mundo. Para ello eligieron a dos de sus compañeros, que deberían arrojarse en el brasero sagrado y de esta manera dar origen al sol y la luna. El primero en sacrificarse se convertiría en el astro rey y esa responsabilidad recayó en Tecuciztécatl, una deidad que gozaba de poder y riquezas. Después de varios intentos, no tuvo valor para llevar a cabo la autoinmolación, pero Nanahuantzín, el otro elegido le tomó la delantera. Pobre y poco agraciado, se arrojó al primer intento y de esta manera se convirtió en el sol. Inmediatamente el otro se arrojó y se transformó en la luna. Para dar vida al firmamento, el sol mató a los otros dioses y los convirtió en estrellas.

Quetzalcóatl fue el responsable de la creación del hombre. Bajó al Mictlán, el inframundo, donde recogió los huesos de las antiguas generaciones y regándolos con su sangre les devolvió a la vida.

Según las predicciones, el quinto sol acabará como todos los demás. Es decir, con una gran catástrofe, pero esta vez la provocarán los terremotos.

El templo data del Preclásico superior y es la estructura monumental más antigua de la ciudad. El muro de serpientes (coatepantli) de la plataforma es el más antiguo de los encontrados en el centro de México. Más pequeña (140 m de largo, 150 m de ancho y 45 m de altura), pero con la cima situada a la misma altura debido a la elevación del terreno sobre el que está construida, la **pirámide de la Luna** destaca en la cabecera septentrional de la calzada de los Muertos. Superados sus cuatro cuerpos escalonados mediante la escalinata construida en la parte central, se alcanza la parte alta desde donde se contempla la mejor perspectiva de todo el conjunto prehispánico.

Como la del Sol, la pirámide de la Luna está precedida de una plaza, considerada entre los mejores conjuntos urbanísticos mesoaméricanos. En la esquina sur se levanta el **palacio de Quetzalpapálotl,** llamado así por los bajorrelieves que adornan los pilares. Se trata de un animal mitológico llamado pájaro quetzal- mariposa, que aparece rodeado por un marco de símbolos acuáticos. Se accede a través de una escalinata que da a un recinto techado. Y en él es posible contemplar el equinoccio de la primavera. Entre las 7.15 h y 7.45 h del día 21 de marzo la sombra de una almena, al desplazarse sobre los ángulos de unas figuras pintadas en rojo, indica el fenómeno astronómico.

La decoración de las paredes, techos e incluso suelos era algo frecuente en Teotihuacán y no es exagerado decir que esta ciudad estaba totalmente decorada por pinturas. Un buen ejemplo de ornamentación se halla en el **patio de los Jaguares**, situado en la parte trasera del palacio, pero en un nivel inferior. El recinto de forma rectangular recibe este nombre por los vestigios de murales en los que aparecen como protagonista estos felinos, relacionado con la lluvia y la fertilidad. En uno de ellos, bien conservado, los presenta con penachos de plumas tocando caracoles marinos.

En la esquina noreste del vestíbulo, el jaguar aparece con el lomo cubierto con conchas y el caracol que toca, como indican las vírgulas, emite sonido. Tal y como es costumbre en la pintura teotihuacana de enmarcar el tema central, los jaguares están rodeados por cenefas decoradas con los días del año y con Tláloc, dios de la lluvia. Apoyándose en estos datos los estudiosos creen que la representación está relacionada con una ceremonia destinada a propiciar la lluvia.

Debajo del palacio de Quetzalpapálotl y con acceso desde el patio de los Jaguares, se erige sobre una sencilla base taludtablero el **templo de los Caracoles Emplumados,** conocido así por los bellos motivos que adornan los bajorrelieves de las paredes, originalmente pintados de vivos colores de los que quedan restos. La plataforma del templo está decorada con aves de color verde, de cuyos picos emana un líquido color azul, mientras los pilares presentan ornamentos de flores de cuatro pétalos.

TEMPLO DE LOS CARACOLES EMPLUMADOS.

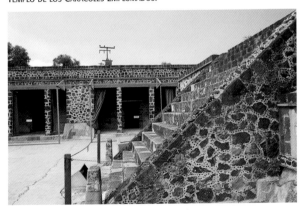

PUEBLA

CAPITAL DEL ESTADO DE PUEBLA. 1.399.519 HABITANTES.

El arte y la gastronomía caminan de la mano en esta ciudad, renacentista en sus orígenes y barroca por adopción. Un lugar para callejear y deleitar la vista con las fachadas de las viejas casonas y las cúpulas de los edificios religiosos, cubiertas con azulejos policromados. Debido al gran patrimonio que acumulan sus plazas y calles, trazadas en cuadrícula, ha sido incluida en las listas de la Unesco. Su cerámica, similar a la que se elabora en Talavera de la Reina, se distingue por los vivos colores y por un elaborado diseño.

INFO Y TRANSPORTES

Prefijo telefónico: 222.
Secretaría de Turismo.
5 Oriente 3, telf. 246 20 44.
Se encuentra a 120 km de D.F., por la autopista de peaje 150. Los autobuses parten desde la Central Camionera del Sur.

Un par de días bien aprovechados pueden ser suficientes para conocerla y una jornada más para dedicarla a la cercana Cholula y los templos de los alrededores. Cuatro días pueden ser suficientes.
La web www.adondepuebla.com da información sobre Puebla.

■ VISITA

El **Zócalo** es el eje central en torno al cual gira la vida civil, religiosa y política de Puebla. Acotado en su mayor parte por soportales, donde proliferan cafés, tiendas, heladerías, restaurantes, etc., está presidido en un

PATIO TÍPICO DE CERÁMICA.

lateral por la imponente fachada del **Palacio Municipal,** una obra neorrenacentista realizada durante el Porfiriato, cuya sala más relevante es el salón de Cabildos. Próximo a él y separada por la calle 2 Norte, se ubica la **casa de los Muñecos** (siglo XVIII), cuya fachada decorada con azulejos exhibe diversos muñecos en actitud de danzar y que representan la leyenda mitológica de los trabajos de Hércules. El edificio acoge hoy en día el **Museo Universitario** *(abierto de martes a domingo de 10 h a 17 h. Entrada: 5 pesos).* En el centro de la zona ajardinada se levanta la **fuente de San Miguel** del siglo XVIII y en un costado la **catedral,** un edificio marcado por el estilo herreriano, cuyas dos torres que flanquean la fa-

CATEDRAL.

chada principal presumen de ser las más altas de México. En el interior, bien proporcionado, destaca **El Ciprés,** una gran obra marmórea presidida por la imagen de la Inmaculada dorada en bronce y en el que el autor, Manuel Tolsá, quiso también representar a los célebres doctores de la iglesia San Agustín, San Ambrosio, San Jerónimo y San Gregorio.

El coro es otro de los espacios claves. Acoge una sillería coral tallada en marquetería al estilo mudéjar y un gran órgano. La **capilla de los Reyes** es la más interesante de todas, debido al altar barroco, proyectado por el sevillano Juan Martínez Montañés y las pinturas que decoran la bóveda del artista Cristóbal de Villalpando.

UN POCO DE HISTORIA

Fundada en 1931, en el valle de Puebla, rodeado por los volcanes Popocatépetl, Iztaccíhuatl, La Malinche y el Citlaltépetl y a una altitud que supera los 2.100 m, la ciudad surge en la ruta de Ciudad de México a Veracruz, cerca del poderoso asentamiento indígena de Cholula. El lugar, escogido por los ángeles, fue comunicado en sueños a un fraile compañero del fundador, el franciscano fray Toribio de Paredes, más conocido por Motolinea, nombre con el que los indígenas bautizaron al fraile y que en lengua náhuatl significa "el pobrecito".

En poco tiempo se convirtió en una ciudad importante, con gran proliferación de casonas, palacios y conventos. Un conjunto monumental, que surgió en gran parte gracias a los impulsos del humanista, obispo y virrey Juan de Palafox, que quiso hacer de esta ciudad, en el siglo XVII, la Atenas de América.

Como dato curioso, la catedral conserva el sepulcro vacío donde por expreso deseo personal el obispo Palafox, benefactor e impulsor del templo, debía ser enterrado. El mitrado, requerido por el rey, tuvo que regresar a España y yace en la catedral soriana del Burgo de Osma.

En Puebla dejó alrededor de 6.000 volúmenes de su propiedad que hoy se recogen en la primera planta del antiguo colegio de San Juan –hoy Casa de Cultura– bajo la advocación de su nombre: la **Biblioteca Palafoxiana** *(abierta de 10 a 17 h; fines de semana hasta las 16 h. Entrada: 15 pesos; www.bpm.gob.mx).* La sala, techada con cinco bóvedas, presenta arcos dóricos y estantería talladas según la moda barroca. El edificio, situado frente al costado occidental de la catedral –en la calle 5 Oriente–, está flanqueado a la izquierda por el **colegio de San Pantaleón** (hoy sede del Tribunal Superior de Justicia del Estado),

y a la derecha por el **colegio de San Pedro** (en la actualidad acoge las oficinas de la Secretaría de Cultura. Su patio barroco está enmarcado por altas columnas). Los tres edificios formaban el Seminario Tridentino.

Muy próximo a ellos, haciendo esquina con la calle 16 de Septiembre, se levanta el antiguo **Palacio Episcopal,** identificado por los tablones de azulejos en los que se representan florones de azucenas. Al otro lado de la calle 16 de Septiembre está la **casa del Deán** *(abierta de martes a domingo de 10 a 17 h. Entrada: 33 pesos),* del 1580. De estilo renacentista, fue destruida en gran parte por un magnate que en 1952 se propuso reconvertirla en sala de cine. Aun después del "atentado" mantiene parte de su porte y señorío, resaltado por los frescos de las sibilas, los únicos de esta época que se conservan en Puebla.

Continuando en dirección sur por la misma calle, se encuentra en la 7 Poniente con el **templo de la Inmaculada Concepción.** Este último ha sido reconvertido en un prestigioso hotel perteneciente a la cadena *Camino Real.*

Más adelante y fuera de todos los circuitos turísticos, se erige el **templo** y **convento del Carmen,** perteneciente al siglo XVIII, y que se distingue por la fachada cubierta de azulejos.

La 11 Poniente guarda uno de los patios más bellos y singulares del México colonial, el **patio de los Azulejos,** decorado con azulejos talaveranos en muros y ventanas. En esta zona que se extiende al sur del Zócalo, en el número

LA BATALLA DE PUEBLA

En el bulevar 5 de Mayo, cada año, se celebra un gran desfile por esas fechas, para conmemorar la derrota que en 1862 sufrieron las tropas francesas a manos de un ejército comandado por el general Ignacio Zaragoza e integrado por indígenas mal armados. El acontecimiento es conocido como la batalla de Puebla y la fecha está declarada fiesta nacional. Ese día el presidente de la República acude a Puebla para presidir el desfile en el que participan soldados, colegios, enfermera e indígenas que machete al hombro son los más aplaudidos. Al año siguiente, los franceses volvieron y derrotaron a los poblanos, pero ese revés no pudo borrar la sensación de triunfo de los mexicanos.

708 de la calle 2 Sur se sitúa el **Museo Amparo** *(abierto de miércoles a lunes de 10 h a 18 h. Entrada: 35 pesos),* que acoge una importante exposición de arte prehispánico. La colección, donada por Amparo Rugarcia de Espinosa Iglesias, se reparte por el antiguo hospital de San Juan de Letrán, el colegio de las Niñas Vírgenes y una casa colonial de la familia, todos ellos edificios de los siglos XVIII y XIX.

Se mire por donde se mire, esta ciudad –que no ha escapado a las furias de los terremotos y a las fumarolas del cercano Popocatépetl– continúa siendo una de los mayores exponentes del arte colonial.

El **templo de Santo Domingo** (1571-1659), localizado en la calle 5 de Mayo –cerca del Zócalo–, guarda en su interior lo que tal vez sea la creación más importante del arte barroco en México. Se trata de la **capilla del Rosario,** de 1690, situada a la izquierda del altar mayor y rebautizada como la *Domus Áurea.* Su paredes, recubiertas por estucos dorados entre los que aparecen serafines, ángeles, santos y mártires, se mezclan con una cenefa de azulejos. La luz que desciende de los ventanales de la cúpula siembra de tonos áureos y perlas el ambiente como si quisieran rendir pleitesía a la Virgen del Rosario, que se yergue entronizada como una reina celeste. En palabras de fray Pedro Gorozpela se trata de la octava maravilla del Nuevo Mundo.

Al lado el **Museo José Luis Bello y Zetina** *(abierto de martes a domingo de 10 h a 16 h. Entrada gratuita)* reúne tal vez la colección de pintura más importante de Puebla. Cuenta con autores españoles –Murillo, Zurbarán...– y mexicanos. Contrastando con la sublimación barroca de Santo Domingo, el cercano **mercado de la Victoria** se revela como uno de los ejemplos más logrados del afrancesamiento arquitectónico que se dio en la época del Porfiriato. Reconvertido en galería comercial, conserva la estructura metálica original y el quiosco con vidrieras emploma-

97

das. Una época que acabó con la Revolución Mexicana. Para los poblanos, el foco de ignición de esta guerra civil se declaró en la calle 6 de Oriente, en la casa donde los hermanos Serdán, los propietarios, fueron asesinados. El edificio, con un patio acogedor y fresco, es la sede del **Museo de la Revolución Casa de los Hermanos Serdán** *(abierto de martes a domingo de 10 h a 17 h. Entrada: 15 pesos).* Fotografías, documentos y otros recuerdos for-

man parte de la exposición. Y es que Puebla es una sucesión de contrastes entre lo palaciego y lo conventual. Los ejemplos siguen repartiéndose por toda la ciudad. Hacia el oeste del Zócalo se halla en la calle 3 Poniente 302, el **Museo Bello** *(abierto de martes a domingo de 10 a 17 h. Entrada: 20 pesos),* que además de obras pictóricas cuenta, entre otros objetos, con una gran colección de mobiliario y de artes aplicadas.

CONVENTOS Y GASTRONOMÍA

El lento proceso de la fusión de la cocina prehispánica con la española se llevó a cabo en gran parte en los conventos. La mezcla de ingredientes de un lado y otro del Atlántico, de mano de monjes y monjas terminó por revolucionar la cocina del Virreinato. Puebla fue uno de esos "laboratorios" gastronómicos. El *mole poblano,* uno de los platos más sofisticados de la cocina mexicana, se alumbró en las cocinas de esta ciudad.

Según la leyenda su complicada receta, que integra más de 45 ingredientes entre los que se cuentan varias clases de chiles, chocolate, almendras, cacahuetes, ajonjolí, anís, especias de origen asiático, etc., fue preparada por primera vez en la cocina del ex **convento de Santa Rosa** *(abierto de martes a domingo de 10 a 16.30 h. Entrada: 10 pesos; 14 Poniente 305),* del

siglo XVII, para el obispo Juan de Palafox. El día de la visita del ilustre personaje, los nervios y el desorden se habían adueñado de la cocina y el responsable de los fogones, fray Pascual, comenzó a depositar sobre una bandeja un gran número de ingredientes que yacían desparramados sobre las mesas. Al ir a guardarlos tropezó y éstos cayeron en la cazuela donde se preparaban unos pavos. El buen fraile comenzó a implorar la ayuda del cielo. Sus rezos fueron escuchados y, tras servir el plato, le llovieron elogios por parte de los comensales.

Desde entonces, las amas de casa de las zonas rurales invocan con la jaculatoria: "San Pascual Bailón atiza mi fogón" la ayuda del fraile.

La cocina del convento, cubierta por azulejos talaveranos, está considerada la más bella de México. El arte mudéjar se

Continuando por la primera de las calles o por su paralela, el Paseo Reforma, de aires afrancesados y románticos, se llega al **Paseo Bravo,** que en realidad es un parque. En uno de sus extremos se levanta el **templo de Guadalupe,** otro de los refinados ejemplos del barroco poblano.

Hacia el lado este del Zócalo se alza otra de las grandes zonas monumentales de Puebla. Para empezar, la **casa "del que mató al animal",** bautizada con este nombre, según la leyenda, en honor al propietario que terminó con la vida de una enorme víbora que había causado la muerte de varios habitantes de la ciudad. La casona presenta la portada más artística de Puebla, con elementos renacentistas que hacen alusión a una cacería relacionada con la fábula.

En la manzana trasera y haciendo esquina con la Av. Juan de Palafox y la 4 Norte aparece el majestuoso **templo de la Compañía**

mezcla con diversos útiles y ollas de barro.

Otra de las dependencias interesantes es el **claustro de profesas,** cubierto también con azulejos y con una bella fuente en el centro. Las salas forman parte del **Museo de Arte Popular Poblano,** que cuenta entre otras colecciones con una muestra importante de artesanía.

Lo mismo podría decirse del ex **convento de Santa Mónica** *(abierto de martes a domingo de 9 h a 18 h. Entrada: 27 pesos; 18 Poniente 103),* donde las madres agustinas contemplativas inventaron los *chiles en Nogada,* para agasajar a Agustín Iturbide, primer mandatario del México independiente. El platillo incorpora los tres colores de la bandera mexicana. El convento, que como Santa Rosa se ubica en la parte norte de la ciudad de Puebla, data también del siglo XVII. Funciona como museo de arte religioso y además del claustro, donde azulejos y ladrillos evocan el arte mudéjar, conserva en la planta alta el refectorio y la cocina con dos braseros azulados.

Al lado se sitúa el **templo del Señor de las Maravillas,** donde se venera una imagen muy milagrosa que representa a Jesús durante una de sus caídas camino del Calvario.

Cerca, el **templo de San José** luce una hermosa cúpula decorada con talavera poblana. En cuanto a los dulces, los nombres ya de por sí son muy evocativos: besos de ángel, suspiros de monjas, frutas cristalizadas, camotes, etc. Parece ser que en las recetas de muchos de estos manjares tuvieron que ver las clarisas. En torno a la calle 6 de Oriente, donde se levanta el **templo y convento de Santa Clara** –una obra del siglo XVII que les dio cobijo–, se encuentran la mayoría de los negocios dedicados a estos productos.

de Jesús, consagrado en 1767 y edificado sobre uno anterior de 1600. Lo más destacado son sus dos torreones blancos, decorados con gracia barroca, el vestíbulo enrejado y la cúpula cubierta de azulejos. En el interior reposan los restos de Catarina de San Juan, más conocida por "la China Poblana".

Justo al lado, los jesuitas fundaron en 1578 el **colegio del Espíritu Santo,** un impresionante edificio de tres patios que cuenta con un salón barroco. Tras la expulsión de la orden se convirtió en el Colegio Carolingio y hoy es la sede de la Universidad Autónoma de Puebla. Desde la calle 3 Oriente se puede disfrutar de una vista maravillosa del antiguo colegio.

Más hacia el este y cerca del bulevar 5 de Mayo se sitúa el barrio del Artista y al lado, el **Teatro Principal,** llamado antiguamente corral de comedias Coliseo. El edificio

TEMPLO DE LA COMPAÑÍA DE JESÚS.

data de 1760 y es el más antiguo que queda en pie y que funciona como tal en América Latina.

En las proximidades, en el 406 de la calle 4 Oriente, se localiza la **casa del Alfeñique,** un palacio cuya fachada cubierta por azulejos destaca por los estucos barrocos de los balcones y aleros, cuyos adornos le hacen parecer un dulce de azúcar (alfeñique).

La casona alberga la sede del **Museo Regional de Puebla** *(abierto de martes a domingo de 10 h a 17 h. Entrada: 37 pesos),* donde se guarda códices, planos, pinturas, fotografías, carruajes y prendas de vestir, entre ellos el de la China Poblana.

Cruzando el bulevar 5 de Mayo se llega al barrio Alto, donde tuvo lugar la fundación de Puebla. El corazón del barrio está representado por el **templo de San Francisco,** del siglo XVI, pero con una bellísima fachada barroca chu-

LA CHINA POBLANA

Según la leyenda, esta mujer nació en la India y ostentó el título de princesa del Gran Mogol. Fue raptada y vendida a los piratas y llegó a México procedente de Filipinas. En Puebla trabajó y murió en casa del capitán Hipólito del Castillo, cercano al templo de la Compañía, y se distinguió por sus grandes virtudes. Se cree que su peculiar vestimenta inspiró el traje típico que lucen hoy las mujeres del estado.

rrigueresca del siglo XVIII, en la que no falta el azulejo. Es un lugar popular en el que se venera a la Virgen de la Conquista (probablemente se trata de la imagen que trajo Hernán Cortés) y al beato Sebastián Aparicio, patrón de los conductores, cuyo cuerpo incorrupto descansa en el templo.

Siguiendo el bulevar hacia el norte, tras pasar las capillas del Vía Crucis y el templo del Calvario se llega

TEMPLO DE SAN FRANCISCO.

al **fuerte de Guadalupe** *(abierto de martes a domingo de 10 h a 16.30 h. Entrada: 37 pesos),* ubicado en el cerro homónimo. El edificio ruinoso es de mediados del siglo XIX y alberga el templo de Guadalupe, en el mismo estado. Ambos fueron destruidos en la batalla de Puebla.

En el paseo que se abre delante del fuerte hay varios edificios modernos, sedes de museos. Entre ellos el **Museo Regional de Puebla** *(abierto de martes a domingo de 10 h a 17 h. Entrada: 37 pesos),* dedicado a Puebla, desde los tiempos de la Prehistoria hasta la época actual.

Un poco más adelante, en la cima de otro cerro, se encuentra el **fuerte de Loreto** *(abierto de martes a domingo de 9 h a 18 h. Entrada: 34 pesos),* con una capilla dedicada a la Virgen de Loreto y una reproducción del santuario. Las dependencias acogen el **Museo de No Intervención,** donde se exponen todo tipo de detalles de la batalla de Puebla.

ALREDEDORES DE PUEBLA

EL RECINTO DE CHOLULA

Si Puebla presume de barroca los alrededores no se quedan cortos. En **Cholula** y sus poblaciones aledañas se pueden encontrar varios ejemplos en grado superlativo de este arte.

Tomando la carretera Recta a Cholula o Ruta Quetzalcóatl, por la que transitan con bastante frecuencia combis y otros medios

de transporte público, se alcanza al cabo de 12 km esta otra ciudad colonial que presume de tener tantas iglesias como días del año. Se debería salir temprano, al amanecer, para poder contemplar con un poco de suerte, la silueta nevada del Popocatépetl, antes de que la calima o la neblina lo cubran por completo, aun así no siempre el coloso se deja ver. Un

poco antes de llegar, a la izquierda –con el volcán como fondo–, se distingue sobre un montículo cubierto por la vegetación el **templo de Nuestra Señora de los Remedios,** que sirve de señal al emplazamiento del **zona arqueológica de Cholula** *(abierto a dia-*

IGLESIA DE CHOLULA AL FONDO.

rio de 10 h a 17 h. Entrada: 33 pesos; acceso desde Cholula por la calle 14 Oriente). El montículo es en realidad una pirámide, la más grande de Mesoamérica, de 450 m de lado y 60 m de alto, rematada por un templo dedicado a Quetzalcóatl. Contrariamente a lo que se cree, los conquistadores no destruyeron esta edificación formada por siete pirámides superpuestas. La encontraron cubierta por la maleza y sobre su cima construyeron en 1594 un templo que, destruido por un terremoto, ofrecería su aspecto actual después de la reconstrucción llevada a cabo en 1874. Desde el

atrio se tiene una bella vista del valle de Puebla.

La antigua ciudad prehispánica de Cholula, además de un gran centro comercial, estuvo dedicada al dios Quetzalcóatl y se le calcula una población que pudo alcanzar a la llegada de los españoles los 250.000 habitantes. Se cuenta que recibía peregrinos de diversas partes de Mesoamérica y que mantenía relaciones con Teotihuacán, Monte Albán y el Tajín.

En el siglo VII pasó a ser dominada por los olmecas xicalanca y poco tiempo después hacia finales del periodo Clásico cambió su emplazamiento a la actual Cholula. Su decadencia pudo ser debida a los conflictos políticos, a la sobreexplotación de los recursos y a la desnutrición. Más tarde, tras la caída de Tula pasó a manos de los toltecas.

El interior de la pirámide está horadado por 8 km de túneles construidos para las excavaciones de los que sólo se recorre una pequeña parte. A pesar de estar iluminados, el paseo resulta claustrofóbico y no tiene interés especial. Sí resulta más atractiva la **plaza de las Estelas,** donde pueden observarse restos de otras construcciones prehispánicas y un enterramiento. Más interesante resulta el **Museo del Sitio,** que exhibe la réplica de los murales de la pirámide, utensilios, altares y una maqueta de la zona arqueológica. A Cortés y a sus tropas se les atribuyó una gran matanza en la ciudad de Cholula en su camino hacia México, pero muchos investigadores, entre ellos el prestigioso historiador Salvador de Madariaga,

ZONA ARQUEOLÓGICA DE CHOLULA.

exponen que, previamente al enfrentamiento, los habitantes de esta ciudad estaban fraguando una gran traición para desbaratarlos y los españoles lo que hicieron fue adelantarse.

Actualmente la ciudad es un sitio tranquilo con un enorme zócalo, al que se abre el también inmenso atrio amurallado del antiguo **convento** franciscano **de San Gabriel,** del siglo XVI. La fachada de la iglesia es de estilo plateresco. En el atrio se abre la **capilla real,** con 49 cúpulas, que parece inspirarse en la mezquita de Córdoba.

Según una leyenda, en época prehispánica, existían 370 templos que, según la leyenda, fueron destruidos por los españoles y sus aliados y en su lugar mandaron construir los templos católicos.

A pocos kilómetros de Cholula en dirección sur se encuentra el **templo de Santa María Tonantzintla** (son frecuentes los medios de transporte público), otra de las obras maestras del barroco o lo que es lo mismo: un universo de estuco compuesto por ánge-les morenos, frutas tropicales y mazorcas de maíz, que sirve de apoyo a la iconografía que relata la Anunciación, la Concepción, la Asunción y la Coronación de la Virgen.

Un poco más adelante se levanta la **iglesia de San Francisco Acatepec,** cuya fachada está cubierta por azulejos y cerámica hecha a mano. Los estucos de su interior representan otra obra maestra del barroco.

A 18 km de Cholula se encuentra **Huejotzingo,** una población famosa por su sidra y por el convento franciscano del siglo XVI. En el atrio se conservan las capillas posas (donde se rezaba el Vía Crucis) y el templo es una combinación del plateresco y del mudéjar, con un retablo de la época. En el convento funciona un pequeño **Museo de la Evangelización** *(abierto de martes a domingo de 10 h a 17 h. Entrada: 34 pesos)* dedicado a la evangelización.

TLAXCALA

Tlaxcala de Xicontencatl (83.748 habitantes) está a 38 km de Puebla por la carretera 119; desde el D.F. está a unos 119 km. Hay que coger la autopista a Puebla y luego el desvío indicado. Los autobuses desde el D.F. parten de la Central Camionera del Sur.

Su carácter colonial se ha ido difuminando y en la actualidad sólo cuenta, además de con numerosos ventanales enrejados, con

dos zonas monumentales importantes: la plaza de la Constitución y el convento de San Francisco. Pese a ello es un lugar agradable y tranquilo para disfrutar durante unas horas del sabor provinciano y al que se puede acceder de regreso al D.F.

La **plaza de la Constitución**, rodeada por fachadas ocres y portales y con un gran jardín en el centro –refrescada por un par de fuentes–, es el espacio más importante con el que cuenta la ciudad. Una de las fuentes, la de la Santa Cruz, con seis querubines labrados y una cruz de piedra, es un regalo de Felipe IV. En el lado del poniente está la antigua **capilla de Indios,** hoy Palacio de Justicia. Una obra pagada por los caciques indígenas y dedicada a Carlos V. La obra del siglo XVI fue ampliada con dos naves más en el siglo XVII. La fachada es barroca y presenta dos cuerpos de diseño distinto.

Otro de los edificios de la época que en parte conserva su aspecto original es el **Mesón Real del Gobierno Indígena,** construido en 1551. Hoy alberga la sede del Palacio Legislativo.

Frente a esta dependencia, utilizada para ofrecer alojamiento a huéspedes ilustres, se yergue la **parroquia de San José,** antigua catedral. Como dato curioso es interesante reseñar que el templo guarda a la entrada dos pilas de agua bendita labradas en piedra. Una de ellas tiene esculpido el rostro de Camaxtli, dios de los tlaxtaltecas.

En el lado norte se levanta el **Palacio de Gobierno,** sin duda el más importante de todos los edificios de la plaza. En realidad está compuesto por tres predios: la Alcaldía o Cabildo Indio, la Alhóndiga y las Casas Reales.

La antigua **Alhóndiga** luce el portón de cantera más interesante de la ciudad, decorado con flores de zapote. Sobre el mismo se levanta un balcón con jambas y dintel de estuco labrado. Pero el palacio es sobre todo conocido por los murales de Desiderio Hernández Xochitiotzin que relatan la historia de Tlaxcala.

El lado oriente está presidido por el antiguo Portal Real y el del Parián, hoy rebautizados como **Portal Hidalgo** o Grande y Chico, un lugar bastante animado con varios restaurantes. En el centro se levanta el edificio del **Ayuntamiento,** también del siglo XVI, aunque el aspecto que presenta por las reformas es del siglo XIX.

La **casa de Piedra,** hoy *Hotel Posada de San Francisco,* se remonta al siglo XVI y según una leyenda fue construida con las piedras que recibía, como pago de los pobres, un abogado altruista. Siguiendo la arbolada y empedrada casa de San Francisco se accede al antiguo convento franciscano de la Asunción. El claustro alberga el **Museo Regional de Tlaxcala** *(abierto de martes a domingo de 10 h a 17 h. Entrada: 37 pesos),* y en el atrio bajo, una capilla de estilo mudéjar. El antiguo templo conventual ha sido convertido en catedral. Bajo el **artesonado** de estilo mudéjar, tallado en cedro y uno de los más bellos de México, se conserva un gran retablo barroco presidiendo el altar, la pila donde fueron bautizados los cuatro señores de la república de Tlaxcala en 1520 y un crucifijo realizado con pasta de maíz. A 1 km del centro histórico se levanta el **santuario de Nuestra Señora de Ocotlán,** con una portada enmarcada por dos torres, que más bien parece un retablo de estuco. Dentro, un soberbio retablo de madera de ocote presenta serafines y ángeles que acompañan a la Coronación de la Virgen por la Santísima Trinidad. El templo, levantado en el lugar de una antigua pirámide dedicada a Xochiquetzalli –diosa de la fertilidad–, dispone de otro espacio

UN POCO DE HISTORIA

Capital del pequeño estado de Tlaxcala, la ciudad, fundada probablemente en el año 1524, fue una isla jurídica en los territorios conquistados. La ayuda tan valiosa que los tlaxtaltecas prestaron a Hernán Cortés en la conquista de Tenochtitlán –sin los cuales hubiera sido imposible la hazaña– les valió una serie de derechos importantes, entre ellos el de conservar el gobierno indígena, montar a caballo y no pagar impuestos.

También fue sede del primer obispado de México. A medida que Puebla crecía fue perdiendo importancia. Por todas esas ventajas, más la ayuda prestada a las tropas españolas, el estado ha sido considerado durante mucho tiempo como traidor entre los mexicanos y en más de una ocasión se le ha marginado de ayudas oficiales. Pero pensándolo fríamente, los tlaxtaltecas, como otros pueblos, ayudaron a los conquistadores porque estaban más que hartos de la tiranía de los aztecas y vieron en los planes de Cortés una oportunidad para sacudirse el yugo. Agrupados en cuatro señoríos formaban una antigua república y eran aliados de Cholula y Huehotzingo.

importante: el **camerín de la Virgen,** donde ángeles de estuco dorado, serafines, santos y motivos florales conforman otra de las páginas importantes del barroco mexicano.

Tras la visita al santuario, se puede comer temprano en alguno de los restaurantes del Portal Grande, como *Los Portales* (telf. 24 64 62 23 38) y el *Gran Café del Zócalo* (telf. 246/ 462 18 54), que están especializados en comida regional y mexicana.

LA RUTA DE LOS TEXTILES

Para profundizar y conocer más a fondo el pequeño estado de Tlaxcala, se puede iniciar una ruta hacia el noreste y pasando Api-

CALLE EN TLAXCALA.

zaco emprender el descenso hacia el sur para terminar a las faldas del volcán La Malinche. Además de poblaciones donde los telares manuales siguen funcionando desde el siglo XVI, las hay que lucen bellos conventos. A 6 km se halla **Santa Ana Chiautempan,** famosa por sus telares y por el **convento franciscano,** cuya iglesia dedicada a Santa Ana, del siglo

XVI, luce una bella portada y una torre labrada.

Un poco más adelante, a 7 km, está **Contra,** conocida por la **iglesia de San Bernardino de Siena.** Las paredes y el techo del baptisterio presentan una decoración barroca, trabajada en estuco dorado.

En el pueblo de **Santa Cruz de Tlaxcala,** el templo, de estilo plateresco, esconde varios retablos. El del altar, dedicado a la Santa Cruz, obra del siglo XVII y del siglo XVIII, es el más importante de todos. Las pinturas del presbiterio se acompañan con textos en náhuatl.

Tras Apizaco, y siguiendo la carretera 136, se alcanza **Huamantla,** a 46 km de Tlaxcala. La población, fundada en 1534, mantiene en parte esa fisonomía de época y guarda altares churriguerescos en el antiguo **convento franciscano** y en la **parroquia de San Luis Obispo.** Durante la festividad de la Virgen, el 14 de agosto, se celebra una procesión que transcurre por calles alfombradas con flores e imágenes religiosas formadas con serrín de colores. El **Museo Nacional del Títere** *(abierto de martes a domingo de 10 h a 14 h y de 16 h a19 h. Entrada: 10 pesos)* es otro atractivo del lugar.

A mitad de camino entre Apizaco y esta población sale a la derecha una carretera que conduce al **Parque Nacional de la Malintzin,** coronado por el volcán Matlalcuéyetl, que en náhuatl significa "la de las faldas anchas" y rebautizado popularmente por La Malinche, en honor a la princesa de origen maya tabasqueño y amante de Cortés, con el que tuvo dos hijos. El coloso de 4.461 m de altura domina el paisaje tlaxcalteca. A sus pies y en el entorno abundan los bosques de coníferas. Se encuentra a 43 km de Tlaxcala. Una carretera secundaria permite alcanzar el segundo cuerpo de la montaña, donde existen cabañas de alquiler pertenecientes a la Seguridad Social Mexicana. Un buen lugar donde contratar un guía para ascender a la cumbre.

DE VUELTA A LA CAPITAL

Después de visitar y comer en la ciudad de Tlaxcala se puede emprender el regreso a México D.F. En el camino se encuentra la zona arqueológicas de Cacaxtla, la más la más conocida e importante del estado de Tlaxcala. Para llegar se puede retroceder por la carretera 119 en dirección a Puebla y hacer la primera parada, a 10 km, en **Tepeyanco.** Su **templo de San Francisco** pertenece a un antiguo convento "de recolección" (dedicados a surtir a otros) y cuenta con varios retablos barrocos, entre los que destaca el del altar mayor.

Dos kilómetros más adelante se halla **Zacatelco,** cuyo templo parroquial presenta fachada plateresca con pilastras decoradas con hojas de acanto. El rico decorado interior incluye una alta cúpula y un soberbio retablo barroco.

Tras pasar la ex hacienda de Santa Águeda y Nativitas, se llega a **San Miguel del Milagro,** a 17 km de Tlaxcala, donde se rinde culto al arcángel. Según una leyenda parecida a la aparición de la Virgen de Ocotlán, el arcángel capitán general de los ejércitos celestes se le apareció, en 1631, a un indio para indicarle una fuente de donde brotaba agua milagrosa. Poco después y gracias al arzobispo y virrey Palafox, se levantó un templo en este lugar. En el interior destaca un ángel de ónix sosteniendo el púlpito y otro con las alas de plata. El pozo se conserva en el atrio.

Después de esta población se alcanza el **zona arqueológica de Cacaxtla** (abierto de 9 h a 18 h. Entrada: 38 pesos), muy conocido porque conserva en buen estado varios murales prehispánicos. Realizados a mediados del siglo VIII, las pinturas manifiestan influencias mayas y teotihuacanas,

COMPRAS

El callejón y la plazuela de los Sapos, en Puebla, debe su nombre a las ranas y otros batracios que antiguamente abundaban en las charcas donde hoy se levanta este recinto. Las tiendas que ocupan el lugar ofrecen antigüedades y artesanías, y los domingos por la mañana se monta un mercadillo donde se venden todo tipo de objetos. Una de las tiendas, **La Pasita,** es famosa por los licores que elabora.

En el barrio del Artista, antigua plazuela del Factor, venden sus obras los pintores de la ciudad. Al lado está el **mercado de El Parián** con multitud de tiendas de artesanías y objetos de cerámica talaverana. Son famosas las pastelerías de esta zona.

fundamentalmente. El más famoso de todos es el de la *Batalla,* que destaca por su gran riqueza expresiva y dramática y en el que se pueden ver de pie a los guerreros jaguar, los vencedores, y a los derrotados en el suelo, los guerreros-pájaro, afectados por el dolor, la sangre y las heridas; algunos muestran los intestinos.

▶ DORMIR EN PUEBLA

HOTEL SEÑORIAL PUEBLA***

Calle 4 Norte 602. Telf. 246 21 20. www.hotelsenorial.net. Ubicado en el centro histórico, en un edificio moderno Cuenta con baño turco, aparcamiento y 70 habitaciones y 9 suites amplias y confortables. A partir de 420 pesos.

HOTEL SAN AGUSTÍN***

3 Poniente 531. Telf. 232 50 89. Se trata de una antigua casona reformada, situada muy cerca del Zócalo. La habitación doble cuesta 295 pesos e incluye el desayuno.

HOTEL SAN MIGUEL**

3 Poniente 721. Telf. 242 48 60 al 62.www.hotelsanmiguelpuebla.com. Es éste un hotel céntrico, el edificio es nuevo. La habitación doble sale por aproximadamente 310 pesos.

HOTEL VICTORIA*

3 Poniente 306. Telf. 232 89 92. Se trata de una antigua casona, sin reformar y sin demasiados lujos. Las habitaciones, todas limpias, están equipadas con un baño, agua caliente y una televisión. La habitación doble viene a costar 150 pesos.

▶ COMER EN PUEBLA

Además del mole poblano y los chiles en nogada, la cocina poblana cuenta con otros platos deliciosos como las chalupas, molotes, chanclas, cemitas, guajolotes, el pipián verde, la tinga, etc. Entre los dulces más típicos están las tortitas de Santa Clara y los camotes.

FONDA DE SANTA CLARA

3 Poniente 307. Telf. 246 19 19. www.fondadesantaclara.com. Es el restaurante clásico de la ciudad y toda una institución dedicada a la cocina típica poblana. En sus mesas se han sentado a degustar el mole artistas, jefes de Estado, magnates, etc. *Pipián* verde o rojo, los *molotes* son alguna de sus especialidades. Precio aproximado 129 pesos.

LA CASONA DE LOS ÁNGELES

3 Poniente 316. Telf. 232 61 42. Muy recomendado. Ofrece comida típica poblana, servida de manera elegante. El servicio es excelente y la relación calidad precio es buena. Unos 100 pesos.

EL MURAL DE LOS POBLANOS

16 de Septiembre 506. Telf. 242 05 03. El patio de esta antigua casona colonial, ubicada frente a la casa del Deán, se transformó en un comedor, donde se puede degustar comida poblana. Entre otras especialidades tienen el cabrito asado al estilo mexicano. A partir de 200 pesos.

FONDA QUÉ CHULA ES PUEBLA *6 Norte 5. Telf. 232 27 92.* Restaurante popular, decorado con azulejos, que le dan el aspecto de una auténtica cocina poblana. Sirven como especialidades como el *mole poblano* con pollo o pavo

a precios muy asequibles. Los precios están alrededor de los 92 pesos.

LA MATRACA
5 Poniente 105. Telf. 242 60 89. Es una cantina que ocupa un patio de una casa colonial del siglo XVI. Su especialidad es el *molcajete* mixto, el *pipián* y es famoso su *mole con chile verde.* Alrededor de 65 pesos.

LA NOCHE

Durante los días de diario, lo mejor es visitar algunos de los bares de los grandes hoteles como **BAR EL CONFESIONARIO,** del Hotel Mesón Sacristía de la Compañía (6 Sur 304) y el del **HOTEL MESÓN SACRISTÍA DE CAPUCHINAS** (9 Oriente 16, telf. 232 80 88), o visitar alguno de los cafés del barrio de los Artistas. Los fines de semana son más movidos y hay multitud de locales con música en vivo. Entre los más concurridos están **CORAZÓN DE LEÓN,** en la Av. Juárez 1706, col La Paz, telf. 242 64 08; **EL SÓTANO DEL TEJADO,** en el bulevar Héroes del 5 de Mayo, entre 2 Sur y 16 de Septiembre ; **EL ANCLA,** en 2 Poniente 1709; **EL GRECO,** en 5 de Mayo 2308, y **EL PIANO,** en 7 Poniente 110. **CRONOS TROPICAL,** Reforma 4105, ofrece música tropical y disco. **NEW BOULEVARD,** en Valsequillo 11, tiene también shows. En la carretera a Cholula se ubican varias discotecas: **LA ROKA** tiene un ambiente juvenil y

DISCO VÉRTIGO es una especie de music hall. Se recomienda visitar la web www.antritos.com donde se ofrece información actualizada sobre lugares de marcha. **EL CONVENTO DE LAS CAROLINAS,** cerca del callejón de los Sapos. Es un café de ambiente juvenil, muy frecuentado por universitarios, que ofrece jazz, blues y Karaoke. **PORTOS TROPICAL,** Av. .Juárez. Telf. 284 06 11. Abierto de 22 h a 5 h. Uno de los mejores locales para bailar salsa y merengue. Suele animarse mucho los viernes y sábados. Bordeando la Av. Juárez en las proximidades del bulevar Norte, hay varios cines, discotecas y bares musicales. **LIBRERÍA-CAFÉ TEOREMA,** Avda Reforma 540, esq. con 7 Norte. Telf. 242 10 14. Es librería de día y lugar de copas por la noche. Ambiente agradable y bohemio donde se puede picar algo mientras se disfruta de buena música.

TAXCO

ESTADO DE GUERRERO. 98.854 HABITANTES.

Se trata de una coqueta población de casas blancas, tejados rojos y calles empedradas que suben, bajan y se retuercen en torno a la ladera del monte que le da cobijo. El resultado, ya sea desde los miradores o a ritmo de callejeo, es una imagen cercana a esos pueblos andaluces de las serranías, donde no faltan las mujeres barriendo la puerta de la calle, ni las macetas voladas sobre los balcones.

INFO Y TRANSPORTES

Prefijo telefónico: 762.
El acceso a este lugar, situado a 170 km de México D.F., y a poco más de una hora de Cuernavaca, se lleva a cabo por la autopista que conecta ambas ciudades con Acapulco, con desvío en el km 128. Los autobuses desde México parten de la Central Camionera del Sur.
Una jornada será suficiente para conocer esta población.

■ VISITA

A pesar de lo dicho, hay dos distintivos que convierten a este pueblo minero, fundado en el siglo XVI y declarado monumento nacional, en diferente a los pueblos del sur de España. Uno son las tiendas dedicadas a la venta de objetos de plata, que en total suman alrededor de 200, y otra es la **iglesia de Santa Prisca,** de mediados del siglo XVIII.
Este templo, mandado construir por el acaudalado minero José de la Borda, domina la imagen de la ciudad y es uno de los mejores testimonios del arte churrigueresco. Dos grandes torres flanquean la fachada principal, ricamente ornamentada, en la que puede apreciarse un medallón dedicado al bautismo de Cristo. El interior guarda varios retablos, también de estilo churrigueresco y pinturas del importante artista mexicano Miguel Cabrera, entre ellas el martirio de Santa Prisca,

IGLESIA DE SANTA PRISCA.

que decora la capilla de Jesús Nazareno. El templo, como viene siendo habitual en México, mira al Zócalo o plaza de la Borda. La casa del insigne acaudalado, convertida en el Ayuntamiento, se asoma al recinto.

Tras la muerte del minero, Taxco entró en un letargo que se prolongó durante varios siglos hasta la llegada en 1929 de Guillermo Spratling, un canadiense que, enamorado del lugar, cambió sus clases en la universidad de Turlane por los diseños y la comercialización de la platería.

Aparte de sus aficiones a la joyería, acumuló una interesante colección de arte precolombino que se exhibe en el **Museo Spratling** (*abierto de martes a sábado de 9 h a 18 h y domingo de 9 h a 15 h. Entrada: 27 pesos*), sito detrás de la iglesia de Santa Prisca.

Otro edificio interesante de la villa es la **Casa Villanueva,** del siglo XVIII, con fachada mudéjar. En 1803 la mansión dio cobijo por una noche a Alexander von Humboldt, por lo que la casa popularmente fue bautizada con el nombre de este naturalista alemán, aunque también ha recibido un tercer nombre: la casa de las Artesanías. De la misma época son otras construcciones civiles como la **Casa Real,** la **Casa Figueroa** (también llamada "casa de las lágrimas" por la crueldad con que se trató a los indígenas que tra-

FIESTAS

La **Semana Santa,** con procesiones donde intervienen empalados y flagelante, es la fiesta más importante que se celebra en la ciudad. En esos días es imposible encontrar plaza hotelera, a no ser que se reserve con bastante antelación.

bajaron en su construcción) y la **Casa Verdugo.**

En las proximidades del zócalo, en un pintoresco enredo de callejas se desperdigan varias iglesias de los siglos XVIII y XIX y otras casas señoriales. El **mercado,** al sur del zócalo y especialmente animado los fines de semana, es otro de los atractivos de la ciudad.

En resumen, Taxco es una de las visitas obligadas para cualquier viajero que visita México. Inolvidable si se contemplan las panorámicas que ofrecen los miradores. La **plazuela de Ojeda,** además de una capilla dedicada al señor de Ojeda, ofrece una de las vistas más bellas de la ciudad. Otra se contempla desde la iglesia de Guadalupe.

COMPRAS

Detrás de Santa Prisca se celebra a diario un mercadillo donde se pone a la venta una variada gama de artesanías.

En la avda. de los Plateros, junto a la terminal Estrella Blanca, se lleva a cabo el **tianguis sabatino** (sábados), donde se puede comprar joyas y artículos de plata. Los **talleres de los Ballesteros** en la avda de los Plateros, telf. 622 10 76, es una de las joyerías más tradicionales de Taxco. Otra tienda original es la de **Emilia Castillo,** Juan Ruiz de Alarcón 7. Se pueden adquirir auténticas piezas de porcelana con incrustaciones en plata.

ALREDEDORES

Por la carretera de Cuernavaca, 32 km antes de llegar a Taxco, se encuentran las **cuevas de Cacahuamilpa** *(abiertas de 10 h a 17 h. Entrada: 50 $),* muy famosas entre los escaladores. Son de tipo calcáreo, con gran abundancia de estalactitas y estalagmitas. Se han formado por las corrientes subterráneas. Las galerías superan los 70 km, pero se han explorado 8 km.

CASA TÍPICA EN TXACO.

▶ DORMIR Y COMER EN TAXCO

HOTEL AGUA ESCONDIDA****
Plaza de la Borda 4. Telf. 622 11 66. www.aguaescondida.com. La situación es inmejorable y desde la terraza la vista de Santa Prisca es única. El mobiliario de las habitaciones evoca la época colonial. Piscina y café-bar para tomar una copa. Habitaciones por 590 pesos.

■ **RESTAURANTES**
La mayor parte de buenos restaurantes se concentran en el Zócalo, y ofrecen buenas vistas; las taquerías están en la avenida Plateros.

El **Lounge Acerto,** plaza Borda 12, telf. 622 00 64, uno de los más famosos de la ciudad, especializado en cocina mexicana e internacional. Almuerzo: 100 pesos.

En Plaza Borda 1, la **Pozolería Tía Calla** (telf. 622 56 02) goza de amplio prestigio debido al pozole que prepara de manera tradicional. Precio medio: 80 pesos.

Más económico es **Pizza Pazza** (entrada por la calle del Arco 1).

LA NOCHE

Muchos viajeros a la hora de tomar una copa eligen alguna de las terrazas de la plaza de la Borda o los bares de los hoteles. LA PACHANGA, cerro de la Misión 32, telf. 622 55 19, es un bar de copas, con música, frecuentado tanto por locales como extranjeros.

LA TERRAZA. Plaza Borda 4. Telf. 622 07 26. Es un bar localizado en la parte alta del Hotel Agua Escondida. De ambiente tranquilo cuenta con una excelente vista a la plaza.

BAR BERTA. Plaza Borda 9. Tiene una agradable terraza situada frente a la iglesia de Santa Prisca. El local es famoso por su cóctel Berta hecho a base de tequila, agua mineral, miel y limon.

PASSAGE. Av. de los plateros s/n. Telf. 627 11 77. Es otra discoteca muy popular.

TULA Y TEPOTZOTLÁN

ESTADO DE HIDALGO.

La antigua capital tolteca se sitúa en una zona árida e industriali-
zada donde predominan los cactus. Además de las ruinas arqueológicas, se puede visitar en el vecino Tepotzotlán un bello templo
churrigueresco y el Museo Nacional del Virreinato.

INFO Y TRANSPORTES

El desvío para llegar a esta antigua ciudad prehispánica se encuentra a 80 km de México D.F.,
por la autopista México-Querétaro.
Los autobuses parten de la Central Camionera del Norte. Lo mejor
es madrugar un poco para llegar
al conjunto arqueológico de Tula
*(abierta a diario de 10 h a 18 h.
Entrada: 33 pesos)* a la hora de
apertura y visitarla antes que el
calor apriete. Después es aconsejable dirigirse a Tepotzotlán, almor-
zar en esta localidad y a continuación visitar el Museo Nacional del
Virreinato.

LOS ATLANTES EN EL TEMPLO DE TLAHUIZCALPANTECUHT.

VISITA

Tras la caída de Teotihuacán, la
antigua *Tollán* –hoy, Tula– pasó
a ser la ciudad dominante en el
Altiplano Central. Sus habitantes,
los toltecas, marcaron una nueva
era en Mesoamérica y reflejaron
su espíritu militarista hasta en las
tendencias artísticas (Chichén Itzá,
en Yucatán, es el ejemplo más
notable de esta influencia). Hacia
el 1165 fue destruida e incendiada
por tribus chichimecas-pames,
pero la cultura que desarrollaron
siguió por mucho tiempo mar-
cando la vida del Altiplano. Los
aztecas se consideraron herede-
ros directos de este pueblo.
Según la leyenda fue fundada en
el año 804 por el legendario emperador Ce Acatl Topilitzin Quetzalcóatl, en cuya persona se funde el
mito y el dios del mismo nombre.

113

El área arqueológica cubre aproximadamente 13 km², pero las principales estructuras se encuentran en la zona conocida como la **Acrópolis,** separada de la entrada por un camino de 1 km.

De todas las construcciones de la zona, la más importante es el **templo de Tlahuizcalpantecuhtli** o de la Estrella de la Mañana. La edificación cuenta con una galería baja, cuyo techo está sostenido por columnas. Detrás de la galería se alza una pirámide truncada, de cinco cuerpos, decorada con relieves. Sobre la plataforma superior se levantan los famosos **atlantes,** cuatro figuras de casi 5 m de altura que sirven de logotipo de las ruinas arqueológicas. En realidad se trata de columnas talladas y representan uno de los ejemplos más depurados de la escultura mexicana. Encarnan a Quetzalcóatl como estrella de la mañana o planeta Venus. De rostro humano, visten trajes de guerreros, con pectoral en forma de mariposa en el pecho y un escudo solar en la espalda. Estos detalles no han pasado desapercibidos entre los esotéricos, los cuales han creído ver en las figuras a seres procedentes de otros mundos. A lo largo de los muros este y norte de la pirámide se levanta el **Coatepantli** o muro de las serpientes, construido tal vez para aislar el centro ceremonial del resto de la ciudad. Los reptiles, en movimiento, aparecen devorando restos humanos y entre las fauces pueden verse los cráneos.

Cerca se encuentra el **Palacio Quemado,** que además de restos de columnas y pilares conserva dos Chac Mool bastante deteriorados. Otras construcciones ruinosas son el juego de pelota y el templo del Sol.

TEPOTZOTLÁN

Para llegar en coche desde Tula hay que tomar la misma autopista, en dirección a México D.F. A mitad de camino se encuentra la salida para Tepotzotlán, perteneciente al estado de México. El principal atractivo de esta ciudad (82.280 habitantes), cuyo nombre significa "el lugar del jorobado", es el **templo de San Fran-**

TEMPLO EN TEPOTZOTLÁN.

cisco Javier y el convento adyacente, del XVII, donde se ubica el **Museo Nacional del Virreinato** *(horario de visita: de martes a domingo de 9 h a 18 h. Entrada: 43 pesos).*
Precedido de un amplio atrio, el templo destaca por la ornamentación de la fachada, uno de los mejores ejemplos del estilo churrigueresco en las cercanías del D.F. El interior guarda diversos retablos dorados del siglo XVIII y estucos policromados en el camarín de la Virgen.

Desde los muros de los corredores del convento cuelgan pinturas de la escuela de Miguel Cabrera y de Cristóbal de Villalpando.
Mientras, en las antiguas celdas, se realizan exposiciones de varias obras de arte religioso pertenecientes sobre todo al periodo comprendido entre los siglos XVI y XIX, además de armaduras, cerámicas orientales e incluso indumentaria religiosa.

COMER EN TEPOTZOTLÁN

Algunas dependencias del antiguo convento acogen la conocida **Hostería del Convento,** telf. (55) 58 76 16 46. El lugar, secularizado, resulta agradable para tomarse un rato de descanso y saborear un menú integrado por la especialidad de los *escamoles*, un platillo a base de huevas de hormigas guisadas y pollo en mole o en almendras. Alrededor de 250 pesos.
Con menos glamour, pero más económico, se encuentra el **Mesón del Molino,** Av. Juárez 16-A, telf. 58 76 66 11, que ofrece especialidades como los camarones del Molino, empanadados

con ajonjolí en salsa de tamarindo. La Plaza Virreinal, a la que se abre el edificio religioso, acoge casi una docena de restaurantes en la que unos a otros se hacen competencia.

La **Hostería de Tepotzotlán,** plaza Virreinal 1, telf. 58 76 02 43. Localiza en un agradable patio dentro del museo del monasterio. Ofrecen comida creativa a base de productos típicos. Precio. Alrededor de 250 pesos. El **Restaurante Bar Los Virreyes,** plaza Virreynal 32, telf. (55) 58 76 02 35, está dedicado a la cocina española y mexicana.

■ AVISO

La selección de los establecimientos incluidos en esta guía se ha hecho siguiendo, exclusivamente, el criterio independiente del autor. Ninguno de los hoteles, restaurantes, comercios, etc. aquí contenidos ha desembolsado la más mínima cantidad para aparecer en la guía.

CUERNAVACA

CAPITAL DEL ESTADO DE MORELOS. 333.000 HABITANTES.

Conocida como la "ciudad de la eterna primavera" debido al clima templado de que disfruta la mayor parte del año, constituye una de las visitas clásicas a realizar desde el D.F. Muchos capitalinos adinerados la han elegido como residencia de fin de semana, donde se refugian en casonas de inmensos patios bañados por la sombra de los laureles de la India. Pero esa fama de lugar tranquilo se ha ido esfumando, sobre todo los fines de semana. La visita al estado se puede completar con la antigua ciudad prehispánica de Xochicalco, en los alrededores de Cuernavaca, y, si se dispone de más tiempo, de una apetecible ruta por la falda del Popocatépetl, salpicada de antiguos conventos.

INFO Y TRANSPORTES

A 85 km al sur de Ciudad de México y a una hora por la autopista de peaje. Para llegar en autobús hay que dirigirse a la Central Camionera del Sur en México D.F. (metro Taxqueña).

Secretaría de Turismo. Av. Morelos Sur 187, telf. 314 38 72. Se puede obtener información turística en www.cuernavaca.gob.mx. Una mañana da de sí lo suficiente para conocer lo más importante de Cuernavaca, la capital de Morelos.

Tras el almuerzo, se puede completar la jornada visitando Xochicalco, declarada patrimonio de la Unesco y famosa por los relieves que decoran la pirámide de las Serpientes Emplumadas.

■ VISITA

El nombre de Cuernavaca se debe a la españolización que hicieron los conquistadores del asentamiento de Cuauhnáhuac, fundado por los chichimecas y conquistado en la primera mitad del siglo XV por los mexicas, que lo convirtieron en residencia estival. En 1527, Hernán Cortés inició la construcción de su residencia sobre un antiguo teocalli.

Conocida también como el **palacio de Cortés** *(abierto de 9 h a 18 h. Entrada: 30 pesos)*, el edificio presenta una fachada almenada con torreones en las esquinas y doble nivel de arcadas renacentistas en el centro. Sus dependencias han sido transformadas en el **Museo Regional de Cuauhnáhuac**

INTERIOR DEL PALACIO CORTÉS.

VISTA DE LA CIUDAD DE CUERNAVACA.

(abierto de martes a domingo de 10 h a 17 h. Entrada: 37 pesos), que además del mural de Diego Rivera dedicado a la Historia de México y de la ciudad (encargado por el embajador norteamericano), acoge piezas arqueológicas de Xochicalco y de otros lugares habitados por los tlahuica (tribu de origen chichimeca). Al lado funciona un mercado de artesanía, donde se vende plata de Taxco.

La **catedral,** del siglo XVI, es otro de los lugares a visitar, junto a la **capilla de la Tercera Orden,** de fachada barroca. Ambas forman parte del complejo religioso construido por los franciscanos. Al lado se encuentra el **Jardín Etnobotánico y Museo de Medicina Tradicional y Herbolaria** *(abierto de 9 h a 16.30 h. Entrada gratuita),* una propiedad ajardinada, que funciona como museo de la medicina privada.

Enfrente de la catedral y al otro lado de la Av. José María Morelos está el **jardín de la Borda,** un oasis de tranquilidad y silencio, amenizado por la cadencia de las fuentes. Sus dependencias han sido transformadas en museo y lugar de exposiciones. Construido en el siglo XVIII por Manuel de la Borda, el hijo del acaudalado minero de Taxco, la propiedad hospedó, entre otros famosos, al emperador Maximiliano y a su esposa Carlota.

PATIO INTERIOR.

Algo alejada del centro y muy cerca de la estación ferroviaria se halla la **pirámide de Teopanzolco**, edificada por los aztecas. La importancia de este recinto radica en que es el único de la época prehispánica que se conserva en la ciudad.

ALREDEDORES: XOCHICALCO

Para llegar a este conjunto arqueológico *(abierto de 9 h a 18 h. Entrada: 48 pesos)*, situado a 38 km de Cuernavaca, hay que tomar la carretera 95, con dirección a Acapulco y desviarse en Alpuyeca. Desde allí se coge hacia Miacatlán y a 8 km sale el desvío. Para acceder en autobús desde Cuernavaca hay que coger los que van a Coatlán del Río o al Rodeo y pedirle al conductor que os deje en el cruce a Xochicalco. Desde allí hay que esperar a que pase algún taxi o combi. Por lo demás, el recinto está apartado del museo y de la cafetería, razón por la cual, el aprovisionamiento de agua para la visita se hace más que necesario en los días calurosos.

Dos son las sorpresas que reserva esta empinada ciudad prehispánica al visitante. Una es la vista que ofrece del valle de Morelos y del Nevado de Toluca y otra su complejo desarrollo urbanístico sustentado sobre terrazas escalonadas construidas en un grupo de cerros. Ambas, unidas a los fosos, murallas, etc. hablan del carácter defensivo y estratégico de Xochicalco y ratifican el dominio que debió ejercer en los alrededores. Los estudios arqueológicos no han aportado demasiados datos pero se sabe que alrededor del siglo v,

ya existía un asentamiento en este lugar y que hacia el año 700 se inició la construcción de los grandes edificios. Coincidiendo con esa última fecha se inaugura un gran periodo de esplendor que se extiende hasta el año 900. Es decir, la existencia de Xochicalco es corta y está acotada, más o menos por dos hechos importantes que marcaron la vida en el Altiplano: la caída de Teotihuacán y el nacimiento de Tula, la capital tolteca. En cuanto al nombre con que fue bautizada, cuyo significado es "lugar de la casa de las flores", se debe a los tlahuicas, descendientes de los chichimecas.

A menudo se ha calificado a la ciudad como encrucijada de rutas comerciales procedentes del Golfo, el Pacífico, el norte y el sur. Incluso se ha hablado de las relaciones culturales que mantenía con mayas y zapotecas. Algunos han ido más allá y han apuntado la posibilidad de que Xochicalco fuese un centro matemático y astrológico. Para ello se han basado en la interpretación de las figuras y signos que adornan el **templo de Quetzalcóatl** o pirámide de las Serpientes Emplumadas, ubicado en la parte más alta de la ciudad. Un basamento cuadrangular edificado según el estilo talud-tablero, con cornisa biselada y decorado en los taludes con ocho serpientes emplumadas, figuras humanas y vestigios zapotecas, mixtecos, mayas y teotihuacanos (una de las figuras humanas tiene todos los rasgos mayas, tanto físicos como ornamentales y está sentado a la manera tradicional representada por este pueblo, es decir,

CONJUNTO ARQUEOLÓGICO DE XOCHICALCO.

con los pies cruzados). Toda esta parafernalia conmemoraría una reunión de sacerdotes para presenciar un eclipse de sol en el año 743 d.C., un hecho que según los mismos estudiosos desencadenó un reajuste del calendario. El mismo material ha sido interpretado por otros entendidos para llegar a la conclusión de que lo que la pirámide truncada refleja es en realidad victorias militares.

Además de un par de canchas de juego de pelota, plazas, *temascal* o baño de vapor y diferentes estructuras piramidales, Xochicalco cuenta con una cueva artificial, más conocida como el **Observa-** **torio.** Un orificio en el techo permite el paso de los rayos del sol de camino al Trópico de Cáncer, en los días 14 ó 15 de mayo y el 28 ó 29 de junio al regreso.

Otro espacio importante es el **Museo del Sitio,** que recoge diferentes objetos encontrados durante las excavaciones y que sirve de complemento a la visita. Las diferentes salas tienen temáticas variadas como "Los dones de la tierra: hacedores de vida", "Hombres guerreros, hombres sacerdotes", "Xochicalco, resguardo de hombres", "Delicados creadores y monumentales artistas" y el "Mundo de los dioses".

▶ COMER EN CUERNAVACA

Las ruinas de Xochicalco cuentan con una pequeña cafetería, donde no hay mucho para elegir a la hora de comer. Tal vez sería más conveniente comer en Cuernavaca. Un buen pretexto para volver al Zócalo de esta localidad puede ser el restaurante **Casa Hidalgo,** Jardín de los Héroes 6, telf. (777) 312 27 49. Cuenta con terraza y una primera planta desde donde se tienen unas buenas vistas del palacio de Cortés. La carta es muy variada y el precio ronda en torno a los 180 pesos. Su especialidad es el filetón de Hidalgo.

Cerca, en la calle Fray Bartolomé de las Casas, existen varios restaurantes de comida rápida. Los menús no son muy complacientes, pero los precios son bastante económicos.

LOS CONVENTOS DE LA FALDA DEL POPOCATÉPETL

ESTADO DE MORELOS. RUTA DE 186 KM (DESDE EL D.F.)

Desde México D.F. o bien desde Cuernavaca se puede realizar esta ruta para conocer un grupo de conventos agustinos, dominicos y franciscanos del siglo XVI, que por su interés artístico e histórico fueron declarados en 1994 Patrimonio de la Unesco. Un día, con coche particular, puede ser suficiente para conocer una parte importante de los mismos, pero si se quiere completar la lista, al menos serían necesarias dos jornadas.

TEPOZTLÁN

Tepoztlán, unida a Cuernavaca a través de un trayecto de autopista de 21 km, o al D.F. mediante la autopista que conecta con Cuernavaca y luego con la carretera 115, puede ser la primera parada de este recorrido para visitar el **templo** y **convento de la Natividad de María.**

La población, muy pintoresca, con multitud de tiendas de artesanía y pequeños restaurantes, se levanta en medio del **Parque Nacional del Tepozteco**. El edificio religioso, de estilo renacentista, cada año sufre una pequeña transformación: el arco de la fachada del atrio está decorado con dibujos realizados con todo tipo de semillas. En el convento, que cuenta con gran número de frescos de tema religioso, fijó Zapata su cuartel general durante la Revolución. Detrás funciona un pequeño **museo** dedicado a la cultura tlahuica. Los domingos tiene lugar un animado mercadillo junto a la iglesia de Tepoztlán.

Junto a Tepoztlán se levanta el **cerro del Tepozteco,** coronado por una pirámide. La subida, por un sendero, puede llevar una hora, pero el esfuerzo merece la pena por la vista. Antes de la llegada de los españoles, el templo contaba con una estatua dedicado a Tepoztecatl, dios del pulque. Numerosas personas acuden a este lugar en la fecha de los equinoccios, por creer que se trata de un lugar mágico.

Un poco más adelante, a 23 km siguiendo la carretera 115, se llega al **convento de Santo Domingo,** en **Oaxtepec,** de la orden dominica. En buen estado de conservación, alberga retablos barrocos y un pequeño museo botánico.

Por la carretera 113 y a 10 km, se encuentra el **templo** y **ex convento de San Juan Bautista,** en **Tlayacapan,** edificado por los agustinos. La obra tiene capilla abierta, portal de peregrinos, capillas posas (que indican las paradas del Vía Crucis), paso procesional y templo. Parte de sus instalaciones acogen un **museo de arte sacro,** más un grupo de momias encontradas en el subsuelo.

Desde Tlayacapan, tras 10 km de recorrido, la carretera 2 lleva a **Totolapan.** Su templo y antiguo **convento de San Guillermo,** también fue levantado por los agustinos. Su fachada, ornamentada con sillares disimulados de estuco y medallones, es distinta de la del resto de los conventos religiosos. El claustro está decorado con pinturas murales.

Siguiendo la misma carretera 8 km más adelante, se accede al **templo** y **ex convento de San Mateo Apóstol,** en **Atlatlaucan,** que destaca por un amplio atrio arbolado y una capilla abierta de tres arcos y espadaña. El interior conserva una pintura al temple de la Última Cena y un fresco con el árbol genealógico de la orden.

Tras un trayecto de 4 km por la carretera 115, en dirección sur, se llega al desvío de **Yecapixtla.** Esta población, situada a 5 km del cruce, es conocida por el **convento de San Juan Bautista,** de tipo fortaleza. Además de la fachada, de rasgos góticos y renacentistas con rosetón incluido, destaca el púlpito tallado en piedra.

La carretera 10 conduce a otros tres de ellos. El primer conjunto monumental está integrado por el **templo** y **ex convento de Santiago Apóstol,** en **Ocuituco** (situado a unos 12 km de Yecapixtla), con el que se estrenó la orden de los agustinos en América y donde fray Juan de Zumárraga recibió la bula papal para convertirse en el primer arzobispo de la Nueva España.

El segundo conjunto monumental lo conforma el **templo** y **convento de San Juan Bautista,** ubicado en **Tetela del Volcán** (a 6 km del anterior), que destaca por sus contrafuertes y por sus pinturas murales policromadas.

INTERIOR DE UNA IGLESIA EN TEPOZTLÁN.

Unos 10 km más adelante se alcanza el **templo** y **ex convento** de Santo Domingo de Guzmán, en **Hueyapán,** el más pequeño y sencillo de todos, obra de los dominicos. Su sacristía guarda una talla virreinal de una sola pieza.

PARADA Y FONDA

La zona no es nada barata. La situación del lugar, cercano al México D.F., la belleza del entorno así como la relación con el dios Quetzalcóatl han contribuido a que algunos de los hoteles que han aparecido en los últimos años estén enfocados exclusivamente al turismo de descanso y a todo tipo de terapias variadas. Las tarifas que ofrecen este tipo de hoteles son muy elevadas. Eso sí, todas ellas suelen incluir algunos lujos como masajes, sesiones de yoga, saunas, etc., en definitva todas aquellas alternativas destinadas a la salud. Entre ellos se encuentra **La Casa de los Árboles,** situada en Zacualpan de Amilpas, en la calle Abasolo 9-Bis, telf. (731) 357 41 06, www.lacasadelosarboles.com, (habitación doble: 1.773 pesos).

En Tepoztlán

La Posada del Tepozteco, Paraíso 3, telf. (739) 395 00 10, www.posadadeltepozteco. com, es uno de los hoteles más coquetos de Tepoztlán. Las habitaciones son bastante amplias, tranquilas y soleadas. Cuenta con jardines, piscina y un excelente restaurante especializado en comida mexicana e internacional. La vista desde la terraza es inolvidable, pero también el precio: 2.080 pesos. Menos mal que incluye un desayuno bufé estupendo. Algo más económico resulta el **Puerto Villamar,** en Prol. Aniceto Villamar 50,

La ruta se completa con otros tres que se localizan a lo largo de la frontera con el estado de Puebla. De norte a sur el primero en aparecer es el **templo** y **ex convento de la Inmaculada Concepción, en Zacualpan de Amilpas,** a 15 km aproximadamente de Hueyapán.

Esta edificación agustina, provista con arcos de cantera, tiene un retablo que fue atribuido al indígena Higinio López, uno de los mejores talladores del Virreinato. Su **capilla del Rosario,** del siglo XIX, se ha convertido en una de las más bellas del estado.

El siguiente, a 8 km del anterior, es el **templo de San Pedro Apóstol, en Jantetelco.** De tamaño más bien pequeño tiene dos retablos con pintura al óleo.

Igual modo que el anterior, el **templo de San Agustín, en Jonacatepec,** a 7 km, también fue construido por los agustinos, pero con una diferencia: su atrio es el mayor del estado de Morelos. Las tallas de madera se le atribuyen al maestro indígena Higinio López. La construcción del templo es del siglo XVI, pero ha sido reformado a lo largo de los siglos.

telf. (739) 395 14 75, www.tourbymexio.com/villamar (300 pesos). Cuenta con 11 habitaciones confortables, además de restaurante especializado en antojitos mexicanos, bar, temascal, aparcamiento y sala de masaje.

El **restaurante Axitla,** Av. del Tepozteco s/n, telf. (739) 395 05 19, ofrece entre sus especialidades *quezadillas de hutlacoche,* pato en zarzamora y la pechuga de pollo rellena de huitlacoche en salsa de chipotle. Precio medio: 140 pesos.

EN OAXTEPEC

El **Hotel Club Dorado Oaxtepec** es un gran complejo turístico ubicado en la carretera Cocoyoc-Oaxtepec, km 2,5, frente a la terminal de

autobuses, telf. (735) 356 02 11. Dispone de bungalows y varios tipos de habitaciones, piscina, pistas deportivas, jardines, dos restaurantes, etc. A partir de 760 pesos.

Para comer, **La Pasta D'Mamma,** Av. Nacional 150, telf. (735) 394 05 63, está especializado en pasta casera y corte de carnes argentinos. Además hay conciertos de música en vivo. 150 pesos.

RUTA POR EL ESTADO DE HIDALGO

RUTA DE 400 KM.

Tres son los lugares más visitados de este estado próximo al D.F. Se trata del convento de Actopán, la ciudad de Pachuca (la capital del estado) y Mineral del Monte. Un buen madrugón y un día pueden ser suficientes para visitarlos con tranquilidad, pero también se puede emplear una jornada más si se desean conocer otros lugares típicos como las "haciendas de beneficio", relacionadas durante la colonia con la producción de plata.

ACTOPÁN

Desde México D.F. y después de recorrer aproximadamente 110 km por la autopista número 85, se alcanza Actopán.

De todos los conventos hidalguenses, el más famoso es el de **San Nicolás Tolentino** (*abierto de martes a domingo de 9 h a 18 h. Entrada: 30 pesos*), ubicado en Actopán, cabecera municipal en el valle del Mezquital y a 36 km al noroeste de Pachuca por la carretera federal 85.

De grandes dimensiones, fue fundado por los agustinos en 1548. Almenas, portada plateresca y capilla abierta se suman a otros elementos artísticos como las pinturas de corte renacentista del refectorio, de otras salas y del cubo de la escalera. Dispone de un pequeño museo de arte religioso.

PACHUCA

Desde Actopán, Pachuca (275.578 habitantes), la capital del estado de Hidalgo, queda a 36 km. Para llegar hay que retroceder por la autopista número 85. Tras unos 26 km de recorrido sale el desvío. La larga avenida de la entrada, decorada con cachivaches y ma-

quinaria minera, anuncia que ésta es una ciudad relacionada con los minerales preciosos. Y así lo fue en el pasado, pero el crecimiento desmesurado y la industrialización creciente le han ido restando el encanto que tuvo en otros tiempos.

No obstante, la visita a esta población, fundada en 1534 y ubicada a los pies de la Sierra Madre Oriental, se justifica por varias razones. Entre ellas, el **ex convento de San Francisco,** una descomunal obra arquitectónica de finales del siglo XVII que alberga entre otros

CALLE EN PACHUCA.

museos, la **Museo de la Fotogra-fía** *(abierta de martes a domingo de 10 h a 18 h. Entrada gratuita)*, donde se concentran los fondos fotográficos más importantes del país. Cuenta con unas 850.000 piezas originales que recogen 160 años de historia de México. La colección Casasola, perteneciente al museo, es uno de los documentos gráficos más completos sobre la Revolución Mexicana.

El **Museo de la Minería** *(abierto de miércoles a domingo de 10 h a 14 h y de 15 h a 18 h. Entrada: 20 pesos)* es otro gran espacio cultural que recoge diversos aspectos relacionados con esta actividad. Las **Cajas Reales,** un edificio del siglo XVII, flanqueado por dos torres, era el lugar donde los mineros pagaban el "Quinto Real" (un impuesto que tenían que abonar los mineros a la corona, equivalente a la quinta parte del oro y de la plata obtenido de las minas).

Otros espacios y monumentos importantes son el **Parque Hidalgo,** que cuenta con un inmenso reloj floral; el **Teatro Bartolomé de Medina,** el antiguo **Hospital de San Juan** (sede del rectorado de la Universidad Autónoma), del siglo XVII, y la **casa del Conde Rule,** de 1890, que alberga el actual Ayuntamiento. Pero el orgullo de la ciudad es la **torre del Reloj,** ubicada en la plaza de la Independencia. La maquinaria del ingenio fue construida por el mismo taller que fabricó el Big-Ben de Londres, y cada día, a las 18 h, el carillón toca la melodía del himno nacional.

MINERAL DEL MONTE

Desde Pachuca, una empinada carretera tras recorrer unos 10 km conduce a Mineral del Monte (antiguamente Real del Monte). La carretera se convierte en un mirador a pocos metros de dejar la capital de Hidalgo, ofreciendo una espléndida vista panorámica desde

125

el cercano cerro que corona la estatua de Cristo Rey. La población minera, ubicada a 2.770 m sobre el nivel del mar y cercana a Pachuca, es la más alta de México. Los fines de semana se convierte en un hervidero de capitalinos que vienen a pasear por sus pulcras y empinadas calles y a contemplar viejas casonas relacionadas con la minería y algún que otro **templo**, como el **de la Asunción,** del siglo XVI y el **de la Veracruz,** del siglo XVIII. Sus **minas** de La Rica, La Purísima, La Dificultad y Dolores son las más importantes de Hidalgo.

PARADA Y FONDA

PACHUCA

El **Hotel Quinta Rivera****,** ubicado en el centro de la población, en Lerdo de Tejada 50, telf. (772) 727 07 72, cuenta con piscina, aparcamiento, juegos de mesa, discoteca y canchas deportivas. Doble: 502 pesos.

Hotel Emily****. Plaza Independencia, s/n, telf. (800) 501 63 39, www.hotelemily.com.mx. En pleno corazón de la ciudad, tanto el mobiliario como la decoración de sus 62 habitaciones y 7 suites se inspiran en el estilo mexicano contemporáneo. A partir de 660 pesos. Su restaurante **Chip's** ofrece una excelente cocina regional e internacional.

Hotel La Paz***. Ctra. Cubitos-La Paz, km 2, telf. (771) 713 52 00/ 07. Ubicado a 15 minutos del centro, este hotel de 76 habitaciones cuenta con piscina, restaurante, bar, aparcamiento, jardines y áreas verdes. Precio habitación doble: 415 pesos.

En el apartado de la restauración, la ciudad tiene excelentes restaurantes donde preparan el mixiote y otros platos típicos de la cocina hidalguense. Entre ellos, **El Estufón de la Abuela,** carretera Mex-Pachuca, km 85,5, col. Centro, telf. (771) 711 40 32. Si el chile resulta demasiado picante, la ciudad cuenta con dos restaurantes especializados en cocina española y mexicana. Precio: 250. Uno de ellos es el **Parador de San Javier,** Blvd. Valle de San Javier 717, telf. (771) 718 28 08, y el otro el **Casino Español,** Blvd. Everardo Márquez 202, telf. (771) 718 70 77. Entre 100 y 170 pesos.

HUASCA DE OCAMPO

Más adelante, por la carretera federal 130, se alcanza Huasca de Ocampo, a 47 km de Pachuca. La población, de calles empedradas y casas blancas, acoge un templo agustino del siglo XVII y varias **haciendas de beneficio** en los alrededores. **San Miguel Regla** y **Santa María Regla**, del siglo XVIII, son las más interesantes. La primera fue residencia de Pedro Romero de Terreros, conde de Regla y acaudalado minero que obtuvo grandes beneficios con la explotación de la plata. Hoy es un hotel de lujo.

Santa María, abierta al público, estuvo relacionada con la transformación del mineral. Se ubica junto a la **barranca de los Primas Basálticos**, una formación rocosa que se asemeja a una pared casi vertical integrada por columnas. Sobre ella se derraman cuatro cascadas procedentes de la presa de San Antonio.

Además de las mencionadas haciendas, siguiendo la carretera que parte de Pachuca en dirección a Ciudad Sahagún se encuentran algunas otras abiertas al público. En el km 8 se localiza

MINERAL DEL MONTE

Mineral del Monte es el enclave ideal si se desea pernoctar y continuar la excursión al día siguiente, explorando algunas de las haciendas. El **Hotel Real del Monte******, calle Manuel Timoteo Garcia, 5, telf. (771) 715 56 54/ 59, ocupa una antigua casona, conocida como Casa Pacheco. Cuenta con 15 habitaciones totalmente remodeladas. Dispone de varias ofertas. La más cara, en habitación doble, incluye la noche del viernes y del sábado, más actividades de senderismo y bicicleta de montaña por 540 pesos en total. La oferta de restaurantes es más amplia que la hotelera. En la avenida de Hidalgo hay algunos restaurantes baratos. En el número 51 está **Real del Monte,** donde se puede comer el famoso *mixiote de carnero.*

Más caros y de más calidad son **El Campo Feliz,** en Hiloche 7, y **María Bonita,** en la Av. Juárez.

HUASCA DE OCAMPO

En la ruta de los conventos, uno de los hoteles más confortables y con mejor relación calidad/precio, es **Real de Huasca******, Vicente Guerrero, s/n, San Miguel Regla, telf. (771) 792 00 64. Las habitaciones se abren en torno a un patio porticado y ajardinado (750 pesos) y su restaurante **Don Quijote** está especializado en cocina mexicana e internacional. Otra buena opción es el **Hotel Bella Vista******, carretera Huasca-Tulancingo, km 1,5, telf. (771) 792 00 22, cerca de los principales atractivos turísticos y caracterizado por sus cómodas instalaciones y habitaciones tipo cabaña, todas ellas con chimenea.

Chavarría. En la villa de **Zempoala,** a 29 km, se levantan **Tepa Chico,** que hoy funciona como lugar de rodaje de películas y telenovelas, y **San José Tetecuintla,** de corte francés con torreones adosados en las esquinas.

A 45 km, **San Bartolomé,** de aires platerescos, era el lugar donde se realizaba la ceremonia de relevo entre los virreyes de la Nueva España.

Caltengo, en el km 19 de la antigua carretera México-Querétaro, fue el lugar donde murió asesinado el prócer Melchor Ocampo.

Yexthó, en el municipio de Tecozautla, funciona como hotel de lujo.

LAS HACIENDAS

Son parte integrante de la historia colonial y criolla de México y uno de los símbolos más representativos de la producción agropecuaria y mineral del estado de Hidalgo. Surgieron poco después de la conquista, debido a las concesiones de tierra y a la mano de obra barata aportada por los indígenas, logrando alcanzar el pleno apogeo durante los siglos XVII y XVIII. La guerra de la Independencia, la Revolución y los movimientos agrarios acabaron con gran parte de ellas. Muros altos, torres, almenas, capilla y campanario formaban parte de estos "feudos", en el que no faltaban elementos decorativos de forja, patios, caballerizas, casas para los peones, escuela, etc. Algunas fueron en realidad pequeños pueblos en miniatura con más de 300 habitantes.

Las hubo dedicadas a beneficiar la producción de metales preciosos, de ahí el nombre de "haciendas de beneficio". Otras, como las "pulqueras", también se dedicaron a la producción agrícola y ganadera. De la actividad diaria realizada por los peones nació el moderno espectáculo de la charrería. En total, repartidas por Hidalgo, existen 176 de estas fincas, aunque muchas de ellas en estado ruinoso.

RUTA POR EL ESTADO DE MÉXICO

RUTA DE 136 KM DESDE EL D.F.

La parte norte del área metropolitana de México D.F. se asienta en este estado, cuyo territorio la circunda. Partiendo del D.F. temprano y en coche particular, un día puede ser suficiente para conocer los lugares más interesantes y alejados de este estado, incluido el santuario de Chalma, antiguo centro de peregrinación.

TOLUCA

Partiendo del D.F. por la autopista número 15, Toluca queda a 59 km. La que es capital del estado (467.712 habitantes) ha ido nutriéndose de ese excedente industrial que satura los polígonos y áreas del D.F. Sus principales reclamos son el Zócalo, donde se ubica la **catedral** y el **Palacio de Gobierno,** ambos del siglo XIX; la **iglesia del Carmen** del siglo XVIII y el **Museo de Antropología e Historia,** que exhibe la estatua de Quetzalcóatl-Ehécatl.

Aunque la ciudad en sí no ofrece un gran interés, muchos viajeros aprovechan para hacer una parada en ella, camino de la antigua ciudad de Calixtlahuaca, situada en las cercanías, o de paso para Malinalco o Teotenango, otros dos recintos arqueológicos próximos.

VISITANDO RUINAS

A unos 10 km al norte de Toluca se halla **Calixtlahuaca** (acceso por la autopista 55, o por una carretera, sin numerar, que parte del área urbana).

Calixtlahuaca *(abierto de martes a domingo de 10 h a 17 h. Entrada: 30 pesos),* la que fuera la principal ciudad de los mazatlinca —un pueblo procedente del sur de Sinaloa, que se asentó en estas tierras en el siglo XII– pasó a pertenecer al imperio azteca a partir de 1476.

Las 17 estructuras que conserva coronan el cerro en el que se asienta. El templo de Quetzalcóatl, el de Tláloc y el Muro de los Cráneos son las más sobresalientes.

Desde Toluca, tras recorrer 25 km por la autopista 55, se llega a **Teotenango** *(abierto de martes a domingo de 9 h a 17 h. Entrada: 30 pesos).*

En **Tenango de Arista** hay que seguir la señalización hacia el recinto arqueológico. Tras la caída de Teotihuacán, esta ciudad mazatlinca inició un periodo de apogeo que duró hasta el año 1162. En 1474 pasó a ser dominada por los aztecas, manteniéndose como un núcleo más o menos importante hasta la llegada de los españoles.

El significado de su nombre, "lugar defendido por muros de piedra", hace referencia al carácter fortificado que mantuvo, si bien destaca por las amplias plataformas artificiales, basamentos piramidales y plazas hundidas.

Para llegar a **Malinalco** *(visita, excepto lunes, de 10 h a 17 h. Entrada: 33 pesos)* hay que seguir hacia el sur por la 55, que deja de ser autopista para convertirse en carretera federal. Tras 25 km de recorrido aproximadamente, se encuentra Tenancingo, de donde parte el desvío. A 17 km se alcanza Malinalco.

La singularidad de este antiguo asentamiento matlazinca, conquistado por los aztecas en 1476, radica en que su recinto ceremonial es el único de Mesoamérica que cuenta con estructuras talladas en la roca de una elevación montañosa. Más conocida como el **templo del Sol,** la estructura principal o casa de los Caballeros Águilas y Jaguares está coronada por un recinto circular. La banqueta, decorada con esculturas de ambos animales, era utilizada para la ceremonia de iniciación de los guerreros de dichas órdenes militares.

EL SANTUARIO DE CHALMA

En el mismo municipio de Malinalco, en un lugar montañoso con cañadas, manantiales y dos ríos, se ubica el famoso santuario. Se puede acceder por una carretera asfaltada, tras recorrer unos 17 km.

El olor a copal llega a impregnar el ambiente del santuario, convertido en uno de los lugares de peregrinaje más importante de la República, adonde acude gente de todas partes para solicitar la ayuda del Cristo (Señor de Chalma) o bien cumplir alguna promesa. Danzas, canciones y coronas de flores que portan los penitentes en la cabeza realzan una tradición que arranca de los tiempos prehispánicos.

El ahuehuete, un árbol centenario, a cuyos pies brota el agua, que según la creencia tiene propiedades milagrosas, es un lugar relacionado con la iniciación de los peregrinos que llegan por primera vez a Chalma, a veces, tras varias jornadas caminando.

EL MILAGRO DE CHALMA

Antiguamente, las cuevas pertenecientes al santuario estaban relacionadas con creencias indígenas. En una de ellas se adoraba a Tlazatcotl, diosa de la basura y de las inmundicias, y en otra, a un ídolo de nombre Oxtotcotl, al que de vez en cuando ofrecían sacrificios. Cuando los frailes agustinos, encargados de evangelizar la región, se dirigían al altar de este último con la intención de destruirlo, encontraron a Cristo crucificado con el ídolo echo añicos a sus pies. A las cuevas, convertidas desde entonces en lugar santo, los frailes sumaron un templo, el convento y la hospedería.

PARADA Y FONDA

Podéis desayunar en **Toluca.** En el centro de la ciudad encontraréis varios restaurantes abiertos. **El Huipil** (*Morelos Pte., 104, telf. (722) 215 04 32*) abre a las 9 h y tiene fama de preparar muy bien los antojitos mexicanos.

La Vaquita Negra (*Portal de Reforma 124-B, telf. (722) 215 68 47*) tiene por especialidad las tortas mexicanas y los pozoles. Deliciosa la de chorizo. Abre a las 8.30 h. En ambos, el precio ronda los 55 y 93 pesos.

Malinalco ha cambiado de aires con la llegada de bohemios y algún que otro artista huido del D.F. Mucha gente acude en busca de la paz y el descanso que ofrece el lugar. Suelen recalar en el **hotel** (*calle de la Cruz 18, telf. (714) 147 05 72*) del pintor Raúl Mora, un establecimiento de lo más coqueto. Cuenta con piscina y jardín y áreas comunes muy acogedoras. Las habitaciones toman el nombre de los diferentes estilos artísticos: modernista, surrealista, etc. Si os animáis a quedaros debéis saber que el precio de la doble asciende a 1.630 pesos, eso sí incluye un desayuno excelente, preparado con mucho esmero.

Algo más barato (1.360 pesos), **Las Cúpulas** (*antiguo Camino Real a Tenampa s/n, telf. (714) 147 06 44*), también tiene un encanto especial. Sus 11 habitaciones, muy aireadas, se asoman al jardín. Allí informan sobre cómo llegar a un cercano cráter formado por un meteorito, a Los Diablitos, donde hay pinturas rupestres, etc.

El restaurante **Las Palomas,** cercano a la zona arqueológica, suele ser punto de encuentro de la gente bohemia. Preparan buenas margaritas y la cocina está abierta.

Chalma cuenta con varios restaurantes y abundantes palapas dedicadas a la venta de alimentos.

A lo largo del año tienen lugar trece romerías. Las más importantes son las celebradas el día de los Reyes Magos, primer viernes de Cuaresma, miércoles de Ceniza, Semana Santa, Pascua de Pentecostés, la del día del Señor de Chalma o primero de julio, San Agustín, San Miguel y Navidad.

La **iglesia** luce portada neoclásica y un altar plateresco realizado en madera policromada al que se suma la imagen del Cristo, tallada en la misma madera.

PARQUE NACIONAL POPOCATÉPETL-IZTACCÍHUATL

■ Abarca 25.679 km² distribuidos entre los estados de Morelos, Puebla y Puebla y México. El acceso se realiza por la autopista de Puebla y tras un desvío a Chalco. Después hay que tomar la carretera 115. A unos 42 km se encuentra Amecameca, donde se puede contratar un guía para el ascenso.

■ HISTORIA Y VISITA

Temerosos del poder de destrucción de los volcanes, las culturas prehispánicas del antiguo México trataron a lo largo del tiempo de contener las erupciones, construyendo altares donde depositaban ofrendas. Unas costumbres que aún hoy en día siguen conservando los indígenas de las comunidades cercanas.

El **Popocatépetl**, o "montaña humeante", es de esos colosos que aún sigue atrayendo a numerosos curiosos por su actividad, que periódicamente se traduce en fumarolas, cuyos restos de ceniza fácilmente alcanzan Pue-

bla y en ocasiones incluso el D.F. A no ser que se cuente con la ayuda de un guía, escalar sus 5.542 m de altura no es muy recomendable, no obstante puede ser interesante visitar los aledaños. Desde el poblado de **Amecameca** parte una carretera que, tras 28 km, alcanza el **albergue de Tlamacas,** ubicado a 3.900 m de altura. La mejor época para acercarse al coloso y deleitarse con sus paisajes es entre noviembre y marzo. En sus faldas abundan los bosques de pinos que sirven de refugio a la zorra gris, el venado, el gato montés y el coyote.

AMOR ENTRE VOLCANES

Las siluetas de los volcanes Popocatépetl e Iztaccíhuatl inspiraron una historia de amor que los une eternamente. Según la leyenda, son dos enamorados que yacen uno frente a otro. El Popocatépetl encarna a un joven y apuesto guerrero azteca que debía derrotar a un gigante y traer la cabeza del mismo como trofeo para recibir en recompensa la mano de Iztaccíhuatl, una bella y joven princesa. Mientras Popocatépetl se consagraba a la tarea, la joven se consumía de tristeza esperándolo. A su regreso, la encontró muerta. El enamorado tomó el cuerpo de la muchacha y lo llevó a lo alto de un monte para velarlo a la luz de una antorcha. Desde entonces, ambos yacen petrificados el uno junto al otro.

PARQUE NACIONAL POPOCATÉPETL-IZTACCÍHUATL.

Frente al Popo, se levanta otro volcán, el **Iztaccíhuatl,** cuyo perfil se asemeja a una mujer acostada. Para iniciar el ascenso, preferiblemente con alguien experimentado, a esta montaña sagrada de 5.280 m de altura, hay que tomar un camino de terracería hasta Alsomoni. Más adelante y a una hora de camino comienza la ascensión. Entre ambos volcanes se halla el paso de Cortés, por donde el conquistador cruzó rumbo a la capital azteca.

134

EL CONTEXTO

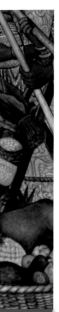

Historia 136

El mundo prehispánico:
    Los aztecas 140

Arte y cultura 149

HISTORIA

UN POCO DE LA HISTORIA GENERAL DE MÉXICO

La prehistoria

Según la teoría oficial, los asiáticos que atravesaron el estrecho de Bering hace 70.000 años llegaron a México 21.000 años atrás. A partir de entonces se inicia un largo periodo de evolución. La agricultura aparece en el 6000 a.C. y 3.000 años después se inician los cultivos del algodón y se confeccionan los primeros tejidos. Hacia el 2000 a.C. surge la cerámica.

Civilizaciones precolombinas

La primera civilización en aparecer en escena fue la olmeca. Floreció en el sur de Veracruz y en el estado de Tabasco, alrededor del 1500 a.C. En su misterioso legado aparecen varias cabezas de basalto y más de 30 toneladas de peso, con rasgos negroides. Su final se sitúa hacia el 400 a.C.

Los primeros rasgos importantes de la cultura maya aparecen cien años después. Diseminados por El Salvador, Honduras, Guatemala, Belice, Yucatán, Chiapas y Tabasco construyeron pirámides, trabajaron el retrato en piedra, pintaron sobre estuco, inventaron su propia escritura y registraron en códices los principales acontecimientos que vivieron. Fueron grandes astrónomos e inventaron un calendario con un ciclo solar de 365,2422 días y un ciclo lunar de 29,5209 días.

Antes que los mayas surgieron los zapotecas en Oaxaca. Practicaron la cirugía y fueron grandes orfebres. Para construir su capital, Monte Albán, nivelaron la cima de una montaña.

Hacia el siglo II a.C. surge en el valle de Teotihuacán, situado a 2.200 m de altitud, la cultura teotihuacana, la más importante del área central de México.

Hacia el 350 d.C., su ciudad, Teotihuacán, se había convertido en un pequeño imperio, llegando a influir en lugares alejados como Oaxaca, Veracruz y Guatemala. Pueblo de comerciantes, desarrollaron con gran maestría el arte de la pintura mural.

Tras la caída de Teotihuacán, en el siglo XVIII, surgen los toltecas, un pueblo guerrero que dominó el altiplano y cuyo arte está muy marcado por el espíritu militarista. Tula, su capital, se convirtió en el centro de la región hasta el siglo XI, en que fue destruida por los chichimecas.

Otra civilización importante fue la que desarrollaron los purépechas o tarascos, un pueblo cuyo origen es un misterio: su idioma no guarda parentesco con las otras lenguas del altiplano. Se asentaron en el siglo X, principalmente en la zona de Michoacán.

En el área del Golfo sobresalieron los huastecos y los totonacas. Durante la conquista, ambos estuvieron al lado de las tropas de Hernán Cortés con la intención de sacudirse el yugo tributario de los aztecas o mexicas, el último de los grandes imperios de Mesoamérica y el más efímero: su dominio de algo más de cien años acabó con la llegada de los españoles. Pueblo de guerreros, sometieron a tributo a la mayoría de las tribus de su entorno. Cultivaron las artes y destacaron como poetas y escultores.

LA CONQUISTA Y EL VIRREINATO

Con la conquista en 1521 de Tenochtitlán, la capital azteca, Hernán Cortés inicia las bases territoriales del actual México. Se abre la puerta al periodo colonial y a la expansión territorial. Hacia el norte se incorporan parte de los territorios de la Gran Chichimeca (ocupada en gran parte por tribus nómadas: apaches, comanches, tarahumaras, etc.) y que se extendía más o menos desde Zacatecas hasta los estados actuales del sur de los Estados Unidos. En el sur se forma la Capitanía General de Guatemala, integrada por Chiapas, Guatemala, El Salvador, Honduras, Nicaragua y Costa Rica. Gobernada por un virrey, la colonia es el crisol del mestizaje racial y cultural. Para la explotación de los recursos mineros, ganaderos y agrícolas se fundan numerosas ciudades. Algunas de ellas, de exquisita belleza, están incluidas en las listas de la Unesco.
Pero España a veces gobernó con mano dura. Temerosa de perder los beneficios de los yacimientos de metales preciosos, la Corona nunca permitió un gobierno autóctono. Apoyó los intereses de los monopolios peninsulares, obligando a la importación de productos que hubieran podido producirse en México. El abuso de los colonos y de las autoridades sobre la población indígena produjo varias rebeliones.

LA INDEPENDENCIA Y EL AGITADO SIGLO XIX

En el siglo XVIII la mitad de la población estaba constituida por mestizos y criollos. Estos últimos, a principios del siglo XIX, iniciaron los primeros pasos para la Independencia. Hidalgo, un cura mestizo, encendió la mecha llamando al pueblo a las armas. El 27 de septiembre de 1821, después de pasar una guerra cruenta, nace México como una nación independiente.
El siglo XIX se liquida con pronunciamientos y luchas internas. La guerra con Estados Unidos se salda con la pérdida de los territorios de Texas, Arizona, California y Nuevo México, que pasan a manos de los vecinos del norte. El conflicto que estalla entre conservadores y liberales desencadenó la guerra de Reforma. Ganaron estos últimos, los cuales, alarmados por la precaria situación del tesoro público, suspendieron el pago de la deuda externa. Francia, uno de los países afectados, no aceptó la decisión. Napoleón III, su emperador, concibió un plan para anexionarse los territorios de ultramar y ayudado por los conservadores impone a Maxi-

miliano, archiduque de Austria, como emperador de México. El liberal Benito Juárez, presidente legal, acaba con este régimen.

Desde 1876 a 1910 gobernó Porfirio Díaz, cuyo periodo de mandato, llamado "el Porfiriato", se caracterizó porque fue una época de fuertes inversiones extranjeras y de desarrollo del ferrocarril. El país evolucionó pero la tierra pasó a concentrarse en manos de alrededor de unos 6.000 hacendados.

LA REVOLUCIÓN
Y EL SIGLO XX

Entre 1911 y 1920 bajo el lema de "Tierra y Libertad", Emiliano Zapata, Pancho Villa y otros caudillos protagonizaron la revolución agraria. A ésta, durante el mandato de Calles, le siguió la revolución de los "Cristeros", que eran católicos que se oponían al desmantelamiento de los poderes que la Iglesia había recuperado durante el Porfiriato y a los excesos anticlericales de los liberales. Ambas revoluciones acabaron con un saldo sangriento.

El general Lázaro Cárdenas (muy conocido entre los españoles por conceder asilo a numerosos intelectuales republicanos) llega al poder en 1934. Durante su mandato se reparten tierras, se apoya la creación de sindicatos y se nacionaliza el petróleo. A partir de entonces México entra en un periodo en que el PRI, el Partido Revolucionario Institucional –surgido de las filas de la Revolución–, logra instalarse en el poder, bajo pucherazos electorales, durante el resto del siglo.

El crecimiento demográfico se dispara, triplicándose la población en apenas cuarenta años (entre la Segunda Guerra Mundial y 1982 el país pasó de 22 a 72 millones de habitantes). Son tiempos de contradicciones, con avances, corrupciones y retrocesos. Tras el fuerte terremoto que azotó la ciudad de México en 1985, el descontento aumentó, sobre todo con las devaluaciones del peso, enriquecimientos ilícitos y con abusos silenciados, o nunca aclarados, como la matanza de 800 estudiantes en la plaza de las Tres Culturas en 1968. Pero paralelamente, el país también había ido modernizándose e industrializándose, alcanzando una de las economías más dinámicas de América Latina, en el que el sector turístico se ha desarrollado espectacularmente.

Uno de los últimos logros de México ha sido enfrentarse de verdad al fraude electoral para dejar de ser una democracia aparente en donde cada presidente saliente nombraba al candidato que habría de sucederle. Zedillo, que asumió el poder en 1994, año de la firma del Tratado de Libre Comercio con Estados Unidos y Canadá, se comprometió a romper con esta costumbre, logrando que el candidato del PRI fuera elegido en unas elecciones primarias. Economista de formación tuvo que enfrentarse al mismo tiempo a una gran crisis económica forjada durante el mandato de su antecesor Salinas de Gortari. Sus directrices permitieron dinamizar la economía, hasta entonces semiestatal, abriéndola a la inversión extranjera. Pero el pueblo mexicano, obsesionado con el cambio, no perdonó al PRI, que perdió las elecciones.

Tras el mandato de Vicente Fox, líder del Partido Acción Nacional (PAN), en 2006 se celebraron nuevas elecciones presidenciales con la discutida victoria de Felipe Calderón, del Partido Acción Nacional (PAN).

Queda mucho por hacer, pero democratizar un país tan extenso y sanear la vida pública es una aspiración irrenunciable de los mexicanos. Felipe de Jesús Calderón Hinojosa ganó las elecciones de 2 de julio de 2006, del partido de derechas PAN por un ajustado margen del 0,58 por ciento. Su inmediato oponente, el izquierdista Andrés López Obrador de la Coalición por el Bien de Todos, cuestionó los resultados y movilizó a sus bases, autoproclamándose "presidente legítimo". El Tribunal Electoral Federal dio la razón a Felipe Calderón admitiendo irregularidades. Las próximas elecciones presidenciales se celebrarán el 1 de julio de 2012. Paralelamente los conflictos sociales iniciados en Chiapas se extendieron al vecino estado de Oaxaca donde el gobernador tuvo que enfrentarse a un violento conflicto que aglutinó a profesores y organizaciones populares y civiles. Los enfrentamientos afectaron a intereses turísticos de la capital.

La situación se estabilizó a mediados del 2007 aceptándose parte de las reivindicaciones de los huelguistas. La fuerte sequía que afectó esencialmente el Yucatán en el 2007 acabó con fuertes ciclones que afectaron gravemente los estados de Tabasco, Campeche y Quintana Roo.

La crisis económica que sufre México desde 2008 y persiste en 2009 está relaciona directamente con la crisis mundial y en el caso de México se agrava por la fuerte dependencia económica con Estados Unidos que sufrió una fuerte desaceleración.

La crisis económica de 2008 a 2009 está relacionada directamente con la ocurrida de manera simultánea en varios países del mundo. La desaceleración de Estados Unidos y la dependencia económica de México hacia su vecino del norte contribuyeron a aumentar los efectos de la crisis.

A este panorama mundial se suman otros factores, como la epidema de gripe A (H1N1), que afecta al país desde abril de 2009.

AZTECAS ANTE EL REY MOCTEZUMA.

EL MUNDO PREHISPÁNICO: LOS AZTECAS

ORÍGENES DEL D.F.

La historia de los mexicas, tenochcas o aztecas –pertenecientes al grupo nahua– no está del todo aclarada. Parece ser que hacia el año 1168, siete *calpulli* (grupos unidos por lazos de parentesco) partieron de un lugar llamado Aztlán o Aztatlán –de ahí el nombre de aztecas– en busca de un lugar con mejores condiciones para vivir. Al cargo de cada grupo iba un jefe, sometidos a su vez a cuatro sacerdotes, los *teomamaque,* portadores de la imagen del dios tribal Huitzilopochtli. Uno de ellos tenía potestad suprema para decidir en asuntos graves. Pudo ser el caso de Motecuhzoma, padre de Mexi Chalchiuhtlatónac. De este último procedería el nombre de mexicas.

La imagen de Huitzilopochtli, el dios tribal, también conocido por el colibrí hechicero o izquierdero fue encontrada en una cueva y a través de los sacerdotes se comunicaba con los aztecas dándoles buenos consejos; entre ellos, la promesa de conducirlos a un lugar ideal con el fin de fundar una ciudad donde vivir. En el año 1215 penetraron en el valle de Anáhuac, hoy conocido como valle de México, ocupado en parte por el lago de Texcoco y en cuyas márgenes se habían establecido otras tribus nahuas. Estos pueblos no aceptaron de buen grado a los aztecas, con fama de agresivos, mentirosos, ladrones y crueles, y

por ello terminaron atacándolos y persiguiéndolos.

Probablemente en el año 1324 ó 1325 llegaron a una isla un tanto inhóspita, pero con una situación privilegiada, donde establecieron su capital, México-Tenochtitlán (el nombre podría estar relacionado con el nombre del caudillo Tenochli). Para entonces los aztecas, cuyo oficio ancestral era el de pescadores, ya conocían el sistema de agricultura basado en las *chinampas* (islas flotantes). Habían adoptado algunos rasgos de las culturas civilizadas como el calendario tolteca y su panteón religioso se había fortalecido notablemente. La estructura política se había reducido de los siete *calpulli* originales a cuatro, de ahí que en el momento de la fundación la ciudad estuviera dividida en cuatro sectores, orientados hacia los cuatro puntos cardinales. El recinto ceremonial correspondía al quinto rumbo (el centro).

Según la leyenda, el sitio de la fundación correspondía al indicado por el dios tribal, cuya profecía hablaba de un lugar donde encontrarían a un águila sobre un nopal devorando a una serpiente (esta imagen fue adoptada como escudo de la bandera mexicana). Pero lo más probable es que la fábula naciese en la época del Itzcóatl (1427-1440). Un caudillo que mandó destruir los antiguos códices históricos, quizás para borrar los orígenes humildes y humillantes de los aztecas. Era la época en que Tenochtitlán, aliada de Texcoco y Tlacopán, resurgía como capital de un incipiente imperio.

En poco tiempo la triple alianza extendió sus dominios fuera del valle de México, sometiendo a tributo a un gran número de pueblos.

Durante la época de Moctezuma Ilhuicamina, sucesor de Itzcóatl, las conquistas se extendieron hasta la región del Golfo, y Tenochtitlán pasó de ser una ciudad de barro a una ciudad de piedra. Contemporáneo de estos *tlatoanis* (supremos caudillos) fue Nezahualcóyotl, rey de Texcoco, más conocido por su condición de poeta que por sus hazañas militares y reformas políticas. Sus escritos son de gran profundidad y carga mística. En esta época el dominio azteca se consolida en la triple alianza. Durante el reinado de Ahuizotl (1468-1502), las conquistas se extienden hacia la franja oaxaqueña del Pacífico. En Teotihuacán se construyen numerosos templos y palacios y se remodela el Templo Mayor, en cuya inauguración perecen sacrificados alrededor de 20.000 víctimas humanas. La ciudad, que había crecido notablemente, pudo superar los 300.000 habitantes.

En el reinado de su sucesor, Moctezuma Xocoyotzin –hijo del anterior, gran militar, sabio y hombre de fuertes convicciones religiosas–, se produjo el golpe de gracia a la triple alianza con la llegada de los españoles. Las noticias del desembarco de éstos en las costas de Veracruz, en 1519, sembró la confusión en la mente de Moctezuma, que creía se trataba del regreso de Quetzalcóatl, el dios tolteca vencido y expulsado por el rival que había jurado volver para recuperar su reino.

Más pragmático, Hernán Cortés, una de las grandes figuras del Renacimiento, supo aunar descontentos consiguiendo así sumar fuerzas entre los pueblos sometidos para derrotar en 1521 al último, el más grande y el más importante de los imperios de Mesoamérica. Sobre los cimientos y con las piedras de los templos y palacios destruidos de Tenochtitlán, levantó la capital colonial, una de las ciudades que a pesar de los terremotos, los incendios y las inundaciones sigue siendo la más monumental de la América Hispana.

VIDA Y COSTUMBRES DE LOS AZTECAS

Economía

La base de la economía era la agricultura. Las tierras de labor podían ser de propiedad comunal o particulares. Otro grupo importante era el de los artesanos y el de los comerciantes.

Los territorios conquistados estaban sometidos a tributo. Un representante de la triple alianza, el *calpixque,* era el encargado de recaudarlo y enviarlo a Tenochtitlán. Joyas, alimentos, ropas, plumas de adorno, oro, etc. procedentes de diferentes lugares del imperio surtían los almacenes de la capital azteca, en especial los del gran Tlatoani. Uno de los territorios no conquistados, pero en la práctica sometido, era la república de Tlaxcala, que mantenía alianza con Cholula y Huejotzingo. Los aztecas mantenían con ellos pequeñas guerras con la finalidad de entrenar a los jóvenes guerreros y hacer prisioneros destinados al sacrificio.

El comercio recaía en manos de los *pochteca,* una casta cerrada y privilegiada, con código jurídico, ceremonias y ritos propios. Además del trueque utilizaron como moneda de cambio las semillas de cacao, unas hachuelas de cobre en forma de T y unos tubos de hueso de ánade rellenos de polvo de oro.

Sociedad

La sociedad azteca era bastante compleja con grupos y clases dominantes y un nivel de jerarquización, difícil de catalogar. Todos los individuos estaban integrados en *calpulli:* grupos con demarcación territorial (en el momento de la fundación de Tenochtitlán existían cuatro), unidos por lazo de parentesco. Cada *calpulli* tenía un templo propio y un *telpochcalli* o escuela, donde recibían educación los jóvenes. Asimismo tenían un dios patrón, sacerdote y un jefe de unidad asesorado por lo ancianos. Los guerreros de los *calpulli,* integrados en banderas, formaban la base del ejército azteca.

El matrimonio monogámico era la forma familiar más extendida, aunque entre la nobleza llegó a existir la poligamia. La esposa pasaba a pertenecer al grupo del esposo. Para mantener este clan únicamente heredaban los hijos varones.

En la concertación de los **matrimonios,** resultado de un arreglo entre familias, intervenían las celestinas y el sacerdote que, basándose en la fecha de nacimiento de los candidatos, predecía la compatibilidad de los novios. Tras la ceremonia y una pequeña fiesta de celebración, la pareja pasaba a la cámara nupcial donde debía ayunar, realizar sacrificios de sangre y ofrendas a los dioses durante cuatro días, con prohibición de tener relaciones sexuales. El quinto día entraban en el *temascal* (baño de vapor que servía tanto para la purificación como para la higiene) y eran bendecidos por el sacerdote.

Al recién nacido se le recibía anunciándole con palabras la llegada a un valle de lágrimas, mientras que el sacerdote, basándose en *El libro de los destinos,* le predecía el futuro. El nombre que se le asig-

naba tenía que ver, general-
mente con un animal para los
hombres y con una flor para las
mujeres.

En cuanto al **vestido,** los hombres utilizaban una especie de
banda que liaban en torno a la
cintura y la hacían pasar por
debajo de las piernas. Lo com-
plementaban con una especie
de capa rectangular que anuda-
ban en el pecho o en el hombro.

PADRES AZTECAS ENSEÑANDO A SU HIJO.

Las mujeres utilizaban una falda
enrollada a la cintura que se extendía hasta la pantorrilla y un cor-
piño que caía sobre la falda.
Ambos calzaban sandalias.

Los adornos estaban regulados.
La nariguera de turquesa sólo la
podía llevar el *tlatoani.* Según el
rango, los guerreros llevaban diferentes adornos de plumería. Éstos
dejaban crecer un largo mechón
en la nuca, mientras que los sacerdotes se rasuraban el frente y los
costados y dejaban crecer el pelo
en la parte superior en forma de
cresta. Las mujeres se peinaban
formando un par de capullos con
la melena. Ellas se solían pintar

los dientes y utilizaban aceites,
perfumes y cremas.

Dentro de la **clase dirigente,** el
máximo puesto de la jerarquía lo
ocupaba el *tlatoani,* con poderes
militares, civiles, religiosos y fisca-
les. El segundo puesto recaía en
el *tecuhtli,* con poderes militares,
judiciales y administrativos. Era el
único que tenía derecho de cal-
zar en presencia de tlatoani y de
mirarlo a los ojos.

La clase de los *pipiltin* integraba el
sector de la nobleza a la que se
accedía por nacimiento; aunque
también podían ingresar por méri-
tos propios, o de guerra, los miembros de las clases populares o *mace-
hualtin,* integrada por los *mayeque*
(agricultores o artesanos).

La **esclavitud,** más que una clase
social, era una situación temporal,
resultado de un castigo, acto de
guerra o decisión personal. Por nece-
sidad estaba permitida la venta de
los hijos como esclavos, pero no el
aborto. En ocasiones el esclavo se
casaba con su señor o señora y en
casos extremos eran castigados o
vendidos para el sacrificio.

La **enseñanza** era obligatoria. Se
remarcaban las diferencias de clase
y de sexo y en una primera fase,
además de la religión, se prestaba

143

atención a la preparación militar y al dominio del carácter. Más tarde, en el *Telpochcalli* se preparaban a los guerreros y en el *Calmecah* a los funcionarios y sacerdotes. En ambas se hacía un gran hincapié, en la abnegación, la disciplina y los valores éticos.

Las **leyes** eran muy rígidas. A los delitos efectuados por los nobles, sacerdotes y funcionarios, o los cometidos en el mercado se les aplicaban agravantes. Ésta es una de las razones por las cuales la sociedad azteca no conoció la corrupción. Los jueces eran considerados personas muy importantes, y los elegidos para el cargo debían ser personas rectas, justas, sabias...

El *calpulli,* los comerciantes y otros estamentos tenían jueces propios y existía un tribunal supremo, integrado por tres jueces y presidido por el *cihuacóatl.* Éste y el *tlatoani* eran los únicos que podían condenar a muerte a un individuo.

El divorcio estaba permitido, pero no el adulterio que podía ser castigado con la pena de muerte. La embriaguez era considerada un grave delito y sólo se toleraba en los ancianos. La prostitución se ejercía entre las clases bajas.

El servicio de vigilancia y el de limpieza eran bastante efectivos y en ellos trabajaba un gran número de personas.

EL ARTE Y LA CULTURA

Los aztecas fueron grandes artesanos. Además de modelar en barro imágenes de dioses menores, tallaron la madera, plasmando en tambores y otros instrumentos musicales verdaderas obras de arte. Esta materia prima sirvió de base para la elaboración de los llamados mosaicos de turquesa, si bien también cultivaron el mosaico de plumería y la orfebrería destinada al atuendo personal. Los códices pueden ser consideradas obras relacionadas con el arte pictórico.

Cultivaron con gran maestría la **escultura,** cuya temática en gran parte es de contenido religioso, como puede comprobarse en la visita al Museo de Antropología de la Ciudad de México.

RECINTO SAGRADO DE TENOCHITLAN

EL JUEGO DE PELOTA

Además de la lucha, las carreras, la natación y el *xocuahpatollin* (acto de hacer girar con los pies una viga de madera permaneciendo acostado de espaldas), los antiguos pueblos mesoamericanos practicaban ciertas actividades y competiciones con sentido religioso, entre los que destaca el juego de pelota, llamado *Tlachtli* en lengua náhuatl, *pokyab* o *pok-ta-pok* en maya y *taladzi* en zapoteca.

Se trataba de una actividad sagrada que se realizaba con el fin de conocer el designio de los dioses *(ordalia)* o, tal vez, para recrear el viaje del sol en el universo.

Los jugadores usaban un cinturón de cuero de venado con prolongaciones para proteger las caderas, además de musleras, rodilleras y un guante en la mano izquierda. La pelota era de hule (material extraído del látex de varias especies vegetales), pesaba alrededor de 1 kg y tenía un diámetro de 10 a 12 cm.

El juego consistía en que la pelota estuviera en constante movimiento, sin rebasar ciertas marcas. La única manera de conseguir un triunfo definitivo consistía en hacer pasar la pelota por un anillo. A veces, los ganadores eran oficiados en sacrificio. Las canchas se construían en el interior de las áreas ceremoniales y en ocasiones incluían un altar para el sacrificio. El espacio de juego tenía forma de "I" o de doble "T", con muros verticales o en forma de talud con un anillo vertical en cada uno de ellos para hacer pasar la pelota y un altar que servía de marcador.

En el campo de la **literatura** se distinguieron notablemente. Además de la prosa que utilizaban para relatos históricos, didáctica y narraciones míticas, cultivaron la poesía lírica y épica (que debía ser cantada), desarrollando metáforas, cantos guerreros, cantos floridos, poemas de primavera, etc. El poeta más conocido de todos fue Nezahualcóyotl, rey de Texcoco, cuyos poemas hablaban de la fugacidad de la vida, la muerte ineludible y el enigma de la existencia. La **música** y la danza formaban parte de la vida social y religiosa. Misioneros como fray Bernardino de Sahagún y fray Juan de Torquemada han dejado constancia del fuerte arraigo de la música y la danza entre los indígenas mexicanos. No en vano la música era considerada de origen divino y los músicos, integrados en un estamento especial, recibían un entrenamiento muy profundo para que ejecutaran las melodías con perfección y no ofendieran con equivocaciones a los dioses.

EL CALENDARIO AZTECA

El cómputo del tiempo, de gran precisión en el calendario azteca, seguía dos ciclos diferentes y simultáneos: uno correspondía al tonalpohualli o ciclo de 260 días y otro al xiuhphualli o ciclo de 365 días o cuenta de los años. Este último estaba formado por 18 meses de 20 días, más 5 días aciagos en los que podía ocurrir cualquier catástrofe. Ambos ciclos coincidían cada 52 años. Una unidad de tiempo, que más que un siglo venía a ser una especie de ciclo. La coincidencia del año solar, más el año venusiano se producía cada 104 años o cada dos ciclos y era otra fecha importante.

Los meses del calendario solar, regidos por dioses, tenían nombres relacionados con la agricultura y sus fechas servían para marcar actos y grandes ceremonias. El calendario de los días se utilizaba para conocer los destinos. Su origen es incierto y obedece a la combinación de una serie de 20 nombres de días y 13 nume-

LA RELIGIÓN

El panteón azteca estaba formado por un gran número de dioses, muchos de ellos procedentes de los pueblos sometidos. Los había asociados al principio de la dualidad y a los cinco rumbos. El mundo, además de la superficie terrestre, estaba formado por trece cielos y nueve inframundos, relacionados con divinidades.

Además de **Huitzilopochtli,** que encarnaba al sol, otros dioses importantes eran **Tezcatlipoca,** el dios espejo humeante, señor de la primera edad cósmica o sol del jaguar. Fue el responsable de la derrota de **Quetzalcóatl,** el dios serpiente emplumada, benefactor de los hombres, a los que trasmitió gran parte del conocimiento. Muchas veces se le representa con barba, símbolo de ancianidad y por tanto, de sabiduría. Esta divinidad, según la mitología, huyó hacia el este, pero con la promesa de regresar, por eso en un principio los aztecas creyeron ver en los españoles el regreso del dios. **Tlaloc,** dios de la lluvia, constituía el cuarto dios en importancia.

Entre las divinidades femeninas se contaba **Coatlicue,** diosa de la tierra y madre de Huitzilopochtli; **Tonantzin,** nuestra madrecita; **Xochiquetzal,** diosa del amor y de la belleza juvenil; **Temazcalteci,** patrona de las comadronas y diosa del temazcal; **Tlazolteotl,** diosa del placer sexual y comedora de inmundicias, etc.

En general la religión, como en toda Mesoamérica, regía la vida de los individuos. Las penitencia y autosacrificios formaban parte de la vida diaria e incluso practicaban la confesión de los pecados –con un oidor– una vez en la vida.

rales (13 semanas). Tanto los días como las horas nocturnas y diurnas estaban asociados a las divinidades.

Al final de cada ciclo (52 años) se celebraba la ceremonia del Fuego Nuevo, por creer que el fin del mundo (el final del Quinto Sol) iba acontecer al final de uno de esos periodos.

Durante los días aciagos, fechas asociadas con catástrofes, se dejaba extinguir el fuego de los hogares y se destruían los enseres domésticos. A las mujeres embarazadas se las encerraba en los graneros por temor a que se convirtieran en fieras. Se ayunaba y se hacía penitencia y la última noche a los niños se les mantenía vigilados para que no se convirtieran en ratas.

Detrás de la puesta del sol, los sacerdotes subían al cerro de la Estrella y esperaban a que las Pléyades alcanzaran el centro del cielo, señal que indicaba que la vida iba a continuar. Entonces, sobre el pecho de un sacrificado, encendían un fuego, del que se prendían antorchas que servían para renovar el fuego de los templos y los hogares.

LA GUERRA

El fin de la guerra consistió en hacer prisioneros para sacrificarlos al dios Huitzilopochtli. La sangre era considerada el alimento de los dioses y era necesario mantenerlos contentos y bien alimentados para que no causasen males en el mundo. Aun así se negociaba con el enemigo para someterlo pacíficamente. Si no se obtenían resultados, se fijaba un día para la batalla, previa consulta con el sacerdote que indicaba el momento más favorable. Las dos órdenes militares más importantes eran la de los Caballeros-Águila y la de los Caballeros-Jaguar.

A las víctimas se les tumbaba en el altar o piedra de los sacrificios, se les abría el pecho con un cuchillo de obsidiana y se les arrancaba el corazón. Su cabeza iba a parar al muro de los cráneos. A veces la carne de la víctima era utilizada como alimento, con la creencia de que de esta manera se ingerían las virtudes del sacrificado. Al dios de la lluvia se le sacrificaba niños, a los que se les sometía a tortura por creer que las lágrimas infantiles encarnaban el líquido celeste.

VIEJAS COSTUMBRES TODAVÍA VIGENTES

CHAMANISMO Y BRUJERÍA

Todavía hoy entre la población indígena y amplios sectores de la ciudadanía están muy arraigadas las curas impartidas por hueseros, yerbateros, curanderos y chamanes. En casi todos los mercados del D.F. existe una sección dedicada a la herboristería, donde también se preparan veladoras (velas para conjurar males o para atraer bendiciones) y amuletos, y donde aún es posible contactar con alguno de esos profesionales.

Según las antiguas creencias, la enfermedad podría ser transmitida por algún dios, espíritu maligno o un brujo. El mal de ojo, la envidia, los malos espíritus de la lluvia o del frío, etc., pueden también ser los causantes de enfermedades. El chamán, con el empleo de alucinógenos en algunos casos, encontraba la causa, al responsable, y prescribía el remedio.

Por otra parte, las limpias servían – y sirven– para eliminar las malas energías. Las realizan los chamanes o curanderos pasando un huevo o ciertas plantas por el cuerpo, mientras musitan oraciones. A veces también lo realizan con una gallina. El mal se transfiere a estos objetos y el sujeto queda limpio del hechizo. El huevo lo cascan después y lo arrojan a un vaso de agua e interpretan de esta manera los males que afectan al paciente.

En la sección de herboristería de los mercados siempre hay gente que informa sobre dónde acudir para realizar una limpia.

EL TEMASCAL

Es la sauna indígena y su uso sigue vigente en lugares cercanos al D.F, como Tepotzotlán. Tradicionalmente, en un lugar cerrado, se arrojaba agua para producir vapor instantáneo sobre unas piedras previamente calentadas al fuego. Los sujetos se frotaban con hierbas y se golpeaban suavemente con ramilletes de romero y salvia. Era común que a las mujeres se les diese un temascal después del parto. A veces formaba parte de los rituales de purificación llevados a cabo antes de las ceremonias religiosas, juegos, etc.

ARTE Y CULTURA
LAS LETRAS

LA LITERATURA EN LA COLONIA

Con la llegada de los españoles surge un nuevo género: la crónica, para relatar y documentar la vida, costumbres y acontecimientos ocurridos. Con su *Historia verdadera de la conquista de la Nueva España,* escrita por Bernal Díaz del Castillo muchos años después de la caída de Tenochtitlán, este soldado de Hernán Cortés rescata para el lector de entonces y de ahora episodios, impresiones, emociones, encuentros, etc., para lograr el mejor documento de la gesta. *Las cinco cartas de Relación,* que Cortés escribe entre 1519 y 1526, es otro documento, en donde el conquistador se muestra como un magistral narrador dispuesto a plasmar todos los sentimientos, ánimos y desánimos que le provocan sus descubrimientos, encuentros, victorias y derrotas de su epopeya.

Los frailes evangelizadores protagonizaron otro de los capítulos literarios muy relacionado con el género histórico. Fray Bernardino de Sahagún, después del aprendizaje de la lengua náhuatl y de un largo periodo de documentación, dio a luz la *Historia general de las cosas de la Nueva España.* Otros clérigos amigos de las letras fueron fray Bartolomé de las Casas, muy comprometido en sus escritos en la defensa de los indígenas y fray Toribio de Benavente. Contemporáneos fueron los historiadores indígenas Fernando A. de Tezozómoc y Fernando de Alva Ixtlilxóxhitl.

Otro género que se cultivó fue el teatro, en principio destinado a adoctrinar a los indígenas mediante autos, pero también se cuenta que fray Juan de Torquemada organizaba representaciones mímicas para acompañar sus sermones.

Francisco Terrazas es el primer poeta nacido en México, hijo de uno de los soldados de Cortés. Escribe un poema inconcluso sobre las gesta de la Conquista. Su fama trasciende el océano y llega a los oídos de Cervantes, el cual lo elogia en su famosa obra *La Galatea.*

Otros grandes poetas que surgieron en la colonia fueron Miguel de Guevara al que se le atribuye el famoso soneto "No me mueve mi Dios para quererte", que también se le atribuye a San Juan de la Cruz y a Santa Teresa de Jesús. La monja Sor Juana Inés de la Cruz es tal vez la figura más conocida del barroco al otro lado del Atlántico. Algunos de sus versos suponen una de las mayores licencias escritas por una mujer religiosa:

Al que ingrato me deja busco [amante],
al que amante me sigue dejo [ingrata]
constante adoro a quien mi [amor maltrata;]
maltrato a quien mi amor [busca constante.]

México también fue un cruce de caminos por donde pasaron entre otros autores Gutiérrez de Cetina, Espronceda y el dramaturgo Tirso de Molina.

LA LITERATURA DEL MÉXICO INDEPENDIENTE Y ACTUAL

Además de un romanticismo tardío, el siglo XIX se salda con la novela realista y una literatura muy apegada al género periodístico. La Academia de Letrán y el Liceo Hidalgo fueron dos instituciones fundadas por escritores de la época para impulsar el trabajo literario. Entre los más destacados de esa centuria sobresalen los poetas Andrés Quintana Roo, Fernando Calderón e Ignacio Rodríguez Galván. Pero es tal vez el corrido, el género más popular y singular de la literatura decimonónica mexicana. Emparentadas lejanamente con el romance español, estas composiciones en verso se imprimían en hojas sueltas y se vendían y cantaban en las ferias y mercados. Registraban hechos históricos, biografías de caudillos, bandoleros, toreros, crímenes, tragedias, inauguraciones, etc. *El sitio de Querétaro, Heraclio Bernal, El hijo desobediente* y *Rosita Alvírez* son algunos de los títulos más conocidos.

ALGUNAS LECTURAS RECOMENDADAS

Leyendas mexicanas coloniales. Editores Mexicanos Unidos.

ALCINA FRANCH, JOSÉ: *Los aztecas.* Historia 16. Madrid. 1999.

BUÑUEL, LUIS: *Mi último suspiro.* Debolsillo. Barcelona. 2003.

CASTANEDA, CARLOS: *Las enseñanzas de Don Juan.* Fondo de Cultura Económica. México. 2003.

CRUZ, SOR JUANA INÉS DE LA: *Poesía lírica.* Cátedra. Madrid. 1992.

DÍAZ DEL CASTILLO, BERNAL: *Historia verdadera de la conquista de la Nueva España.* Alianza Editorial. Madrid. 1989.

ESQUIVEL, LAURA: *Como agua para chocolate.* Debolsillo. Barcelona.

FUENTES, CARLOS: *La muerte de Artemio Cruz.* Fondo de Cultura Económica. España. 1992.

Los años con Laura Díaz. Alfaguara. Madrid. 1999.

LEÓN-PORTILLA, MIGUEL: *Quince poetas del mundo náhuatl.* Editorial Diana. Diana. México. 1999.

MADARIAGA, SALVADOR DE: *Hernán Cortés.* Espasa Calpe. Colección Austral. Madrid. 1986.

MEZA, OTILIA: *Leyendas mexicas y mayas.* Panorama Editorial. México. 2001.

Moctezuma Xocoyotzin. Editores Asociados Mexicanos. México. 1996.

MUÑOZ GALLARDO, JUAN: *Diego Rivera.* Dastin. Madrid. 2003.

PAZ, OCTAVIO: *El laberinto de la soledad.* Fondo de Cultura Económica. México. 2000.

Tras el modernismo llega el positivismo, un movimiento de la época del Porfiriato, basado en las ideas positivas y científicas. Como reacción a ambos, surge el Ateneo de la Juventud. Entre sus escritores más conocidos están José Vasconcelos y el ensayista Alfonso Reyes.

La Revolución trae nuevos aires literarios. El interés por el indigenismo y por la herencia cultural del pasado prehispánico cobran fuerza. El cuento, basado en la novela realista del XIX, se pone de moda y se desarrolla con nuevas normas, lenguaje y técnica. A partir de entonces se consolidará como uno de los géneros más importantes de la literatura mexicana del siglo XX.

La década de los veinte y la de los treinta se salda con varios movimientos, algunos de ellos agrupados en torno a varias revistas literarias como *México Moderno* y *Los Contemporáneos.* Entre las figuras más destacadas están la de José Gorostiza y Xavier Villaurrutia.

Durante el mandato de Cárdenas, y tras la guerra civil española, llegan un importante grupo de pensadores, científicos y escritores españoles a México. El panorama literario se enriquece con la presencia de Max Aub, León Felipe, José Moreno Villa, José Gaos, Luis Cernuda, etc. Algunos formarán parte, junto a otros escritores mexicanos, del grupo Hiperión, nacido de la influencia del existencialismo francés.

Pero los autores del siglo XX más reconocidos a nivel internacional son el ensayista y poeta Octavio

MÉXICO EN CIFRAS

Nombre oficial: República de los Estados Unidos de México.
Extensión: 1.958.201 km^2.
Población: 106.242.000 millones, estimaciones de 2009. Una cuarta parte estaría integrada en México Ciudad y su área metropolitana.
Idioma oficial: español. También se hablan alrededor de 56 lenguas indígenas: maya, zapoteca, náhuatl, otomí, mixteca, etc.
Etnias: raza mestiza (60 por ciento), amerindia (diferentes grupos indígenas; 30 por ciento), blanca y otras (10 por ciento).
Gobierno: sistema presidencialista de corte federal, con 31 estados administrados por gobernadores elegidos democráticamente y un distrito federal. El cargo de presidente no es renovable. Las elecciones se celebran cada seis años. Los miembros del Gobierno tienen rango de secretarios de estado, es decir, ministros. El poder legislativo reside en el Congreso General, el cual está compuesto por la Cámara de Diputados y el Senado. El poder judicial lo ostenta la Suprema Corte de Justicia de la Nación, que se compone de un Procurador General y jueces de distritos. El país se rige por la Constitución de 1917.

Paz, los novelistas Juan Rulfo y Carlos Fuentes y el ensayista Miguel León Portilla. Títulos como *El laberinto de la soledad, Pedro Páramo, El llanto en llamas* o *La muerte de Artemio Cruz* han sido traducidos a multitud de idiomas y hoy en día han llegado a ocupar un espacio propio en la literatura universal.

La literatura de Juan Rulfo ha servido de inspiración al cine y al teatro. René Pereira, uno de los directores más prestigiosos del teatro contemporáneo mexicano, formado en el *Actor-Studio* de Nueva York junto a actores como Al Pacino, ha sido uno de los artistas que mejor ha sabido captar el mensaje de su obra y esa frontera sutil que separa y une la vida y la muerte. Su montaje de *Pedro Páramo* dejó una huella imborrable en los espectadores capitalinos.

Jorge Padilla e Ignacio Volpi son la cabeza visible de un nuevo movimiento que huye del realismo mágico y prefiere enfrentarse a nuevos retos.

EL ARTE

LA ARTESANÍA

Color, belleza, textura, sentimiento, creencia y tradición son algunos de los rasgos que identifican la artesanía mexicana. Señas que pueden apreciarse tanto en objetos concebidos para las tareas domésticas como en aquellos otros ligados al atuendo personal o al arte decorativo. Los artesanos trabajan todo tipo de materiales: el barro, el metal, la madera, los textiles, las piedras duras, la plata, el cobre, etc.

En general, en los mercados del D.F. se puede encontrar cualquier producto artesanal procedente de cualquier rincón de la República: barro negro de Oaxaca, hamacas de Yucatán, guitarras taraceadas de Michoacán, plata de Taxco, laca de Chiapas, cerámica de Talavera de Puebla, talabartería de los estados del centro, etc.

EL ARTE CONTEMPORÁNEO

La pintura de Diego Rivera, Orozco y Siqueiros, los principales maestros muralistas, ha marcado el antes y el después de la historia del arte contemporáneo mexicano [ver recuadro El muralismo, pág. 52-53]. Desde entonces, los temas y las fuentes de inspiración han variado muy poco y son muchos los pintores y escultores que aún continúan buscando recursos en los motivos y la plástica del arte prehispánico. Otros bucean en la arte-

MURAL DE SIQUEIROS EN LA UNIVERSIDAD AUTÓNOMA DE MÉXICO.

sanía, donde los motivos se diversifican, lo mismo que la materia prima, y en la plástica de los pueblos indígenas. El mundo interior, magistralmente desarrollado por la pintora Frida Khalo, también sigue siendo uno de los temas actuales de la pintura mexicana, lo mismo ocurre con las calaveras y otros temas desarrollados en los grabados por Guadalupe Posadas.

Entre los artistas plásticos contemporáneos más conocidos se encuentran: Chávez Morado, Juan O'Gorman, Carlos Mérida, Rafael Cauduro, Xavier Esqueda, Francisco Toledo, Noé Barradas, Bertha Alicia Cruz, Adolfo Delgado, Fernando Ancona Ojeda, Guillermo Meza, Dulce María Núñez, Jaime Gómez Payan, Heliodoro Castañón Rangel, Jorge A. Corona y Bertha Carlota Valdés de Sola.

EL CINE

El séptimo arte ha sido uno de los géneros de expresión elegidos por muchos artistas mexicanos. México ha sido y sigue siendo un país cinematográfico, del que se han enamorado muchos directores por sus paisajes, sus costumbres, contradicciones, la desnudez del espacio, la luz y por los argumentos que destila la vida cotidiana que ha inspirado todo tipo de guiones. Todas esta serie de rasgos los captó el ruso Serguei M. Eisenstein, que llegó a México tras una corta estancia en Hollywood, para rodar una

obra inconclusa, pero maestra: *¡Que viva México!*

Luis Buñuel, en un viaje desde Nueva York a París, hizo escala en la capital azteca y se quedó para siempre. En México rodó gran parte de su obra.

Pero además, México también destaca como un país de estilos y producciones propias. Durante la década de los años cuarenta y cincuenta funcionaron dos estudios de rodaje en México D.F., cuyas producciones conquistaron los mercados y el público de habla hispana.

153

En esta época se consolidan como grandes ídolos de la pantalla nombres como Dolores del Río, Jorge Negrete, Mario Moreno "Cantinflas", Pedro Infante, María Félix y Arturo de Córdova. Con una producción anual que llegó a superar las cien películas, su industria ocupó el primer puesto en América Latina, sufriendo una ligera competencia por parte de Argentina.

Es la llamada época dorada en la que alcanzan la madurez directores de fotografía como Gabriel Figueroa que asiste al director "El Indio" Fernández en películas tan importantes como *Flor silvestre* (1943), *María Candelaria* (1944) y *La perla* (1946).

También será el primer operador de Luis Buñuel, que rodó en este país 21 películas. Corresponden a esa época *Gran Casino* (1946), *Los olvidados* (1950), *Una mujer sin amor* (1951), *Él* (1952), *Robinson Crusoe* (1952), *Subida al cielo* (1952), *La ilusión viaja en tranvía* (1953), *Ensayo de un crimen* (1955), *La muerte en este jardín* (1956) y *Nazarín* (1958).

Ese mismo año de 1958 Ismael Rodríguez, autor de dos películas importantes como *Nosotros los pobres* (1947) y *Ustedes los ricos* (1948), rueda *La cucaracha.*

Pero muchas otras producciones de la época siguen los esquemas de la comedia ranchera, un género creado por Fernando Fernández con su película *Allá en el Rancho Grande* (1936). El argumento de *Santa,* una película del cine mudo –basada en las penurias de una prostituta–, servirá de inspiración para muchas otras producciones. La década de los sesenta se inicia con un fuerte bajón en la producción. Buñuel continúa con su carrera. Luis Alcoriza, nacido en Badajoz, rueda *Tlayocán* y *Tiburones,* y Arturo Ripstein se da a conocer con *Tiempo de morir.* Es el inicio de una crisis tras la cual México jamás se volverá a recuperar. Las medidas tomadas en 1939 por el presidente Lázaro Cárdenas, que hicieron posible esa

LA CHARRERÍA Y OTROS ESPECTÁCULOS

Como deporte de masas, el fútbol, que ha ido ganando terreno al béisbol en las últimas décadas, no ha sido capaz de relegar a la *charrería:* un espectáculo de carácter nacional, basado en la destreza de los jinetes que compiten en el manejo del lazo y en las arriesgadas maniobras para cabalgar a lomos de un toro. Su origen se sitúa en las haciendas y ranchos ganaderos. Las competiciones empiezan en primavera y se prolongan durante el verano. La información sobre estos torneos aparece en los periódicos locales. Para más detalles hay que acudir a la Federación de Charrería, en la capital.

Otros espectáculos populares en el D.F. son las corridas de toros y las peleas de gallos.

época de grandeza, se vienen abajo durante el mandato de los presidentes López Portillo (1976-1982) y de su sucesor Miguel de la Madrid, para acabar enterradas definitivamente durante el gobierno de Salinas de Gortari (1988-1994) con la venta de la infraestructura. A partir de entonces, el cine mexicano se ha caracterizado por una baja producción. Aun así, los directores han tratado de dirigir proyectos en condiciones adversas.

Entre las películas más alabadas por la crítica durante la década de los noventa destaca *Bajo California,* de Carlos Bolado. Juan Humberto Hermosillo, Gabriel Retes y Nicolás Echeverría son algunos de los directores más conocidos. Arturo Ripstein, autor de películas como *El evangelio de las maravillas, Así es la vida* y *El coronel no tiene quien le escriba,* basada en la novela de García Márquez, es el de mayor proyección internacional.

Existe una nueva generación de directores como Alejandro Gamboa, autor de *El tigre de Santa Julia;* Eva López Sánchez, autora de *Francisca;* Guillermo del Toro, Francisco Athié, Alfonso Cuarón, etc. que pisan muy fuerte. *Amores perros,* de Alejandro González Iñárritu, fue una de las películas más reconocidas en los festivales extranjeros. Estuvo a punto de conseguir el Óscar a la mejor película extranjera.

Por la exquisitez y sensibilidad de la película también hay que mencionar la película de Alfonso Arau *Como agua para chocolate.*

La actriz mexicana Salma Hayek fue nominada al Óscar en 2002 por su papel en la película *Fryda.* Dentro de las estrellas de cine mexicano no hay que olvidar a Gael García Bernal que además de participar en *Amores Perros,* logró trabajar en *La mala educación* de Pedro Almodóvar (2004) o *Diarios de motocicleta* del brasileño Walter Salles que narra la vida de un joven Che Guevara.

Por otro lado la película *Batalla en el cielo* de Carlos Reygadas fue candidata a la Palma de Oro en 2005. Otras producciones recientes son *Sangre* de Amat Escalante donde se narra el paso del tiempo de una pareja en la ciudad de México; *7 días* de Fernando Kalife cuenta cómo un humilde promotor logra traer a Monterrey al famoso grupo U2; *Mil nubes de paz cercan el cielo, amor, jamás acabarás de ser amor* de Julián Hernández trata de manera poética la problemática de ser gay en el México urbano; *Temporada de patos* de Fernando Eimbcke es una divertida parodia sobre el aburrimiento en una tarde de domingo o *De Nadie de Tin Dirdarnal* muestra la problemática de la llegada de emigrantes centroamericanos a México.

En 2006 el cine mexicano perdió un prolijo cinematógrafo Miguel Zacarías que dirigió a numerosos talentos como María Félix, Pedro Infante o Sara Montiel.

Morelia celebra en junio el festival internacional de cine para fomentar la cinematografía mexicana en el exterior, una cinematografía importante dentro del mundo hispano que registra en los últimos años un considerable crecimiento.

ÍNDICE DE LUGARES

MÉXICO D.F.

Alameda Central, 51
Alhóndiga, La, 45
Altar de la Patria o monumento
   a los Niños Héroes, 70
Antigua Aduana, 48
Antigua Basílica de Guadalupe, 79

Biblioteca Central, 82
Biblioteca Iberoamericana, 48

Calzada de los Misterios, 79
Capilla del Pocito, 79
Casa Estudio de Diego
   Rivera, 80
Casa de los Azulejos, 50
Casa de los Camilos, 81
Casa del Marqués del
   Apartado, 43
Castillo de Chapultepec, 70
Catedral Metropolitana, 37
Centro Histórico, 36-62
Claustro de Sor Juana
   Inés de la Cruz, 46
Colegio de las Vizcaínas, 47
Colegio de San Pedro y San
   Pablo, 47
Colegio San Idelfonso, 47
Colonia Condesa, 67
Colonia Roma, 67
Convento de la Merced, 46
Convento de Santa Teresa, 45
Coyoacán, 80
Cuicuilco, 83

Estadio Universitario, 82-83
Estatua de Carlos IV, 50

Feria de Chapultepec, 70
Fuente de Cibeles, 67

Hospital Amor de Dios, 45
Hospital de Jesús, 45
Hospital de San
   Hipólito, 54

Iglesia de Jesús, 46
Iglesia de la Santa Veracruz, 54
Iglesia de la Santísima
   Trinidad, 45
Iglesia de San Bernardino, 83
Iglesia de San Bernardo, 42
Iglesia de San Fernando, 54
Iglesia de San Juan Bautista, 80
Iglesia de Santa Inés, 45
Iglesia de Santiago de
   Tlatelolco, 49
Iglesia de Santo Domingo, 48
Iglesia El Sagrario, 40

Mercado de Coyoacán, 81
Mercado de la Ciudadela, 59
Monumento a Colón, 63
Monumento a Cuauhtémoc, 66
Monumento a Diana
   Cazadora, 67
Monumento a la Revolución, 63
Monumento del Ángel
   de la Independencia, 67
Museo de Antropología
   e Historia, 68
Museo de Arte Moderno, 68
Museo de Artes
   e Industrias Populares, 59
Museo de Frida Khalo, 81
Museo de la Basílica, 79
Museo de la Ciudad, 45
Museo de la Medicina
   Mexicana, 48
Museo de la Secretaría de
   Hacienda y Crédito Público, 45
Museo del Caracol, 70
Museo del Cerro de la
   Estrella, 84
Museo del Templo Mayor, 42
Museo del Carmen, 80
Museo Diego Rivera
   Anahuacalli, 82
Museo Dolores Olmedo, 83
Museo Franz Mayer, 54
Museo José Luis Cuevas, 45
Museo León Trotsky, 81-82

Museo Mural de Diego Rivera, 52
Museo Nacional, 51
Museo Nacional de Historia, 70
Museo Nacional de la
    Estampa, 54
Museo Nacional de la
    Revolución, 66
Museo Nacional de Culturas, 45
Museo Nacional San Carlos, 66
Museo Tamayo, 68

Nacional Monte de Piedad, 42
Nueva Basílica de Guadalupe, 79

Palacio Axayácat, 42
Palacio de Bellas Artes, 55
Palacio de Correos, 51
Palacio de Cortés, 81
Palacio de Iturbide, 50
Palacio de la Inquisición, 48
Palacio de la Minería, 50
Palacio Nacional, 40
Palacios del Gobierno, 42
Papalote-Museo del Niño, 70
Parque de Chapultepec, 63, 68
Parque de España, 67
Parque de México, 67
Paseo de la Reforma, El, 63
Plaza de Garibaldi, 51

Plaza de Hidalgo, 80
Plaza de la Conchita, 81
Plaza de la Constitución, 37
Plaza de la Veracruz, 54
Plaza de Manuel Tolsá, 50
Plaza de Santo Domingo, 47
Plazoleta de Loreto, 47
Portal de Mercaderes, 42

Sala de Arte Público
    Siqueiros, 71
San Ángel Inn, 80
Secretaría de Educación
    Pública, 48
Suprema Corte de Justicia, 42

Teatro de los Insurgentes, 79
Templo de la Profesa, 50
Templo de Porta Coeli, 46
Templo de San Felipe Neri, 50
Tlatelolco, 49
Torre Latinoamericana, 51

UNAM, 82
Viveros de Coyoacán, 81
Xochimilco, 83
Zócalo, El, 44
Zona Rosa, 67
Zoológico, 70

ALREDEDORES DE MÉXICO D.F.

Actopán, 124
Amecameca, 132
Atlatlaucan, 121

Cacaxtla, 107
Calixtlahuaca, 129
Caltengo, 128
Chalma, 130
Cholula, 101
Contra, 106
Cuernavaca, 116-119
Cuevas de
    Cacahuamilpa, 111

Huamantla, 106
Huasca de
    Ocampo, 127
Huejotzingo, 103
Hueyapán, 122

Iztaccíhuatl, 132

Jantetelco, 123
Jonacatepec, 123

Malinalco, 130
Mineral del Monte, 125

Parque Nacional Popocatépetl
    Iztaccíhuatl, 132

Oaxtepec, 120
Ocuituco, 121

Parque Nacional de
    Tepozteco, 120
Pachuca, 124
Popocatépetl, El, 120, 132
Puebla, 94-109
    Biblioteca Palafoxiana, 96
    Capilla del Rosario, 97
    Casa de los Muñecos, 104
    Casa del Alfeñique, 100
    Casa del Deán, 96
    Catedral, 94
    Colegio de San
        Pantaleón, 96
    Colegio de San Pedro, 96
    Colegio del Espíritu
        Santo, 100
    Convento de Santa
        Mónica, 99
    Convento de Santa Rosa, 98
    Fuerte de Guadalupe, 101
    Fuerte de Loreto, 101
    Mercado de la Victoria, 97
    Museo Amparo, 97
    Museo Bello, 98
    Museo de Arte Popular
        Poblano, 99
    Museo de la Revolución
        Mexicana, 98
    Museo José Luis Bello
        y Cetina, 97
    Museo Universitario, 94
    Palacio Episcopal, 96
    Palacio Municipal, 94
    Paseo Bravo, 99
    Patio de los
        Azulejos, 96
    Teatro Principal, 100
    Templo de Guadalupe, 99

Templo de la Compañia
    de Jesús, 99
Templo de la Inmaculada
    Concepción, 96
Templo de San Francisco, 100
Templo de San José, 99
Templo de Santo
    Domingo, 97
Templo del Señor
    de las Maravillas, 99
Templo y convento de Santa
    Clara, 99
Templo y convento
    del Carmen, 96
Zócalo, 94

Taxco, 110-112
Tenango de Arista, 129
Teotenango, 129
Teotihuacán, 89
Tepeyanco, 107
Tepoztlán, 120
Tepotzotlán, 114
Tetela del Volcán, 121
Totolapan, 121
Tlayacapan, 120
Tlaxcala de Xicontencatl, 104
Tula, 113-115

San Bartolomé, 128
Santa Ana Chiautempan, 106
Santa Cruz de Tlaxcala, 106
San Miguel del Milagro, 107

Tepeyanco, 107
Toluca, 129

Xochicalco, 118

Yecapixtla, 121
Yexthó, 128

Zacatelco, 107
Zempoala, 128

ÍNDICE MAPAS, PLANOS Y PLANTAS

Mapas
Mapa general de México D.F. y alrededores, *6-7*

Planos
Plano llave, *30-31*
Plano de transportes, *34-35*
El centro histórico
  De día, *38-39*
  De noche, *56-57*
Reforma-Chapultepec
  De día, *64-65*
  De noche, *72-73*

Plantas
Ruinas de Teotihuacán, *91*